DR. CHARLES MALVERDI

A Medicina Pode Ser DIFERENTE

Dr. Charles Malverdi

A Medicina Pode Ser DIFERENTE

INSÍGNIA

EDITOR: Felipe Colbert

REVISÃO: Equipe Insígnia

CAPA E DIAGRAMAÇÃO: Equipe Insígnia

FOTOGRAFIAS DA CAPA: Bruno Karim

Publicado por Insígnia Editorial
www.insigniaeditorial.com.br
Instagram: @insigniaeditorial
Facebook: facebook.com/insigniaeditorial
E-mail: contato@insigniaeditorial.com.br

Impresso no Brasil.

Dados Internacionais de Catalogação na Publicação (CIP)
(Câmara Brasileira do Livro, SP, Brasil)

Malverdi, Charles
A medicina pode ser diferente / Charles Malverdi. -- 1. ed. -- São Paulo : Insígnia Editorial, 2025.

ISBN 978-65-84839-41-0

1. Experiências - Relatos 2. Histórias de vidas 3. Malverdi, Charles 4. Médicos - Brasil - Biografia 5. Narrativas pessoais 6. Superação I. Título.

CDD-610.92
25-305977.0 NLM-WZ-100

Índices para catálogo sistemático:

1. Médicos : Biografia e obra 610.92

Aline Graziele Benitez - Bibliotecária - CRB-1/3129

Agradecimentos

A Deus, pela vida e pela força nos momentos de desafio.

À minha família, pela base, pelo amor e pelo apoio em cada passo da minha jornada. Em especial, à força e à amizade do meu irmão, que, além de irmão, é também colega de profissão e parceiro de vida. À minha maezinha, pelo apoio incondicional — mesmo que em silêncio —, sempre presente e fundamental. E ao meu pai, que, mesmo não estando presente em corpo, sinto sua alma e seu carinho abençoando meus projetos e meus caminhos.

Ao Hernanes "Profeta", pela amizade e pelo respeito que construímos, e por ter dedicado seu precioso tempo para escrever o prefácio deste livro — um gesto de generosidade e inspiração que levarei comigo para sempre.

À Margarethe, uma mãe que a medicina me deu e que sempre esteve presente com carinho e cuidado.

Ao Ricardo Vatanabe, parceiro na medicina, nos negócios e na vida, cuja lealdade e visão caminham lado a lado com as minhas.

Ao Ricardo Bastos, amigo de infância, que me acompanha desde os primeiros passos e ainda contribuiu com histórias valiosas para este livro.

Aos amigos da medicina, especialmente àqueles que se formaram comigo e estiveram presentes nessa trajetória, compartilhando sonhos, desafios e aprendizados.

Aos mestres e companheiros de estrada, que enriqueceram minha jornada com ensinamentos e momentos únicos.

E, finalmente, a você, leitor, que me acompanha nesta jornada. Que este livro desperte em você a coragem para viver a sua própria liberdade.

SUMÁRIO

Prefácio

Por Hernanes ("Profeta")

A vida tem um jeito único de nos surpreender com encontros que transformam nossa perspectiva. Foi assim que conheci Charles Malverdi, em 2018, numa cafeteria em Moscou, às cinco da manhã, ele lutando contra o *jet lag* e eu de passagem, com poucas horas no aeroporto. Charles estava sentado a uma mesa e se apresentou com uma energia inquieta que logo revelou um homem que vive fora das amarras do comum. Aquele momento, tão casual quanto marcante, reflete quem ele é: alguém que ama estar em deslocamento, abraça a imprevisibilidade, que ousa trilhar caminhos próprios.

Quem viveu o futebol como eu sabe que, embora glamoroso para muitos, é um mundo de pressão e expectativas rígidas. O sistema exige que você se encaixe: treine, jogue, vença, repita. Desviar é quase rebeldia. Hoje vejo que Charles fez isso na medicina. Ele poderia ter seguido o roteiro tradicional — residência, plantões, uma carreira estável —, mas notou as falhas do sistema. Em vez de aceitá-las, criou uma empresa que gerencia leitos de UTI e enfermaria, e agora conta com mais de 100 médicos, com um modelo que valoriza a qualidade do atendimento e o bem-estar dos profissionais. Isso não é só inovação; é coragem.

Quando parei de jogar, enfrentei uma escolha parecida. O mundo do futebol esperava que eu me tornasse técnico ou comentarista, mas eu precisava de espaço para descobrir quem era fora do campo. Não queria ser preso pelo sistema do futebol, com suas políticas e pressões. Como Charles, busquei liberdade — não uma rebeldia vazia, mas a liberdade de criar algo fiel a mim. Investi em outros tipos de negócio e somente anos mais tarde passei a trabalhar com jovens jogadores na Itália, trazendo minha filosofia ao ensinar. Mesmo com tantas conquistas, ainda consigo sonhar o sonho desses garotos com o futebol. Agora, gerencio uma categoria de base, aplicando minhas ideias. Não é só voltar ao sistema; é voltar com propósito, fazendo diferente.

Acredito que Charles faz o mesmo na medicina, gerindo sua empresa de forma a evitar os problemas que enfrentou, criando um sistema melhor. O que mais admiro nele é sua abertura aos imprevistos. Conversamos sobre viagens, sobre a vontade de fazer coisas novas, sobre a beleza de conexões inesperadas. Esses momentos, como diz o Charles, tornam a vida vibrante. Este livro é cheio dessas histórias — casos em que ele confiou no instinto, arriscou e encontrou algo maior. Ele fala de liberdade como uma escolha prática: viver nos próprios termos, construir algo significativo, conectar-se com quem inspira.

E se tem algo que conecta nós dois é estar presente e distante ao mesmo tempo. Moro na Itália há anos, vou ao Brasil poucas vezes, quase sempre a trabalho. Charles também tem negócios fora, e essa visão global, esse equilíbrio entre papéis — médico, empresário, viajante — nos aproxima mesmo que estejamos em países diferentes. Quem escolhe esse caminho sabe que não é fácil. Todo lugar tem prós e contras, mas é esse malabarismo que enriquece a vida.

Portanto, escrever este prefácio me fez refletir sobre o impacto que queremos deixar. Charles, com seu livro, quer inspirar médicos, especialmente os jovens, a pensar fora da caixa, a ver que a medicina pode ser mais que plantões exaustivos. Ele mostra que é possível ser médico e empreendedor, profissional e sonhador. Sinto o mesmo com os jovens que treino. Quero ensinar técnica, mas também valores — transformar desacertos em lições, confiar em si mesmo quando o mundo pede o caminho seguro. No futebol, como na medicina, há sempre quem queira aprender a navegar sem perder a essência. Meus erros, por querer ir sozinho, me ensinaram a criar algo novo, a gerar algo bom.

Por fim, deixo aqui um relato que Charles desconhece, mas que faço questão de compartilhar. Conheci um cardiologista no Rio de Janeiro, que acabou se tornando um amigo, e conversamos sobre empreendedorismo e a importância de sair da zona de conforto. Sem saber, Charles foi minha inspiração para iniciar essa conversa. E não foi por acaso: a medicina exige inteligência, sensibilidade e coragem para enfrentar desafios que muitos não suportariam. Charles demonstra, cada vez mais, que não apenas domina essas qualidades, mas vai além, construindo algo que impacta profundamente pacientes e colegas.

Espero que, ao ler este livro, você sinta a chama de possibilidade que Charles acende.

Prefácio

Por Dr. Ricardo Vatanabe

Escrever este prefácio para o livro do Charles Malverdi é, sem exagero, uma das maiores honras da minha vida. Quando ele me pediu para colocar em palavras o que sua jornada representa, senti o peso e a beleza de traduzir não apenas uma amizade, mas uma lição viva sobre o que significa desafiar o sistema e viver com autenticidade.

Conheci Charles Malverdi em 2014, na correria de uma UTI no Hospital São Lucas, onde eu, como médico intensivista com mais de 20 anos de formado, estava montando uma nova equipe. Ele chegou num momento em que se sentia frustrado, após ter deixado um hospital que não lhe pagou o que devia. "Puto da vida", como ele mesmo dizia, Charles estava pronto para virar a página — e foi exatamente o que fez, arrumando as malas e partindo para a Austrália apenas dois meses depois de chegar à nossa equipe. Esse ato de coragem, de romper com o esperado, é o coração deste livro, e, leitor, prepare-se: as páginas que seguem são um convite para você encontrar sua própria ousadia.

Eu sei bem o que é resistir ao sistema. Quando me formei, recusei a residência médica. Não porque não quisesse aprender, mas porque o caminho tradicional, com suas 80 horas semanais e rigidez, parecia uma gaiola. Escolhi trabalhar como plantonista, fazendo cinco plantões de 12 horas por semana — pouco para um médico, mas o suficiente para me dar espaço para viver. Foi nessa liberdade que encontrei minha paixão pela medicina intensiva e, mais tarde, pela coordenação de equipes e gestão hospitalar, áreas que muitos médicos evitam. Charles, quando o conheci, estava nesse mesmo espírito de rebeldia. Ele não queria se encaixar no molde de hospital, de plantões intermináveis, de uma vida ditada por convenções. Quando soube que ele largou tudo para ir à Austrália sem nenhum emprego fixo, pensei: “Esse cara é um herói”. Para mim, quem tem a coragem de deixar o conforto do conhecido para buscar algo maior, fora do Brasil ou das expectativas alheias, merece palmas. E Charles merece um estádio inteiro.

Este livro é sobre essa coragem, mas também sobre as conexões que nos sustentam. Charles e eu nos tornamos mais do que colegas; viramos amigos, irmãos, sócios. Em 2021, após ele voltar de uma passagem pela Itália para tirar a cidadania, começamos a conversar na UTI sobre ideias que iam além da medicina. Num desses papos, surgiu a semente de uma empresa de *home care*. Eu trouxe a ideia, Charles trouxe a energia, e juntos, com a ajuda de um enfermeiro chamado Rodolfo, transformamos esse plano em realidade. Depois veio a gestão médica, equipes de pediatria, UTIs adultas, projetos que cresceram porque nós dois não temos medo de sonhar grande — mesmo que, às vezes, eu precise segurar o Charles para manter os pés no chão. Ele é pura criatividade, um vulcão de ideias, e eu, com minha veia mais executora, ajudo a transformar esses sonhos em algo palpável. Nossa parceria funciona porque confiamos um no outro, porque respeitamos nossas diferenças. Ele viaja o mundo, vive com uma liberdade que eu admiro, enquanto eu fico mais ancorado na família, com meus dois filhos e um estilo de vida mais tradicional. E, ainda assim, nos completamos.

Charles é o tipo de pessoa que faz você querer ser melhor. Ele é família no sentido mais profundo — não apenas com a mãe, com quem sempre está quando volta ao Brasil, ou com o irmão e a sobrinha, mas com todos que cruzam seu caminho. Ele tem uma pureza, uma honestidade que desarma. É arrojado, com um espírito que não se curva ao que é esperado, mas também é espiritual, alguém que busca sentido em tudo o que faz. Quando ele está fora, viajando, eu cuido das coisas aqui, mesmo que isso signifique cobrir um plantão de última hora ou resolver um pepino na escala. E ele, quando está por perto, nunca me deixa na mão — sempre se coloca na frente, garantindo que eu não precise carregar o peso sozinho. Essa reciprocidade, esse cuidado mútuo, é o que faz nossa amizade tão forte. E é isso que você vai encontrar neste livro: a história de alguém que vive com paixão, que constrói laços verdadeiros e que nunca aceita menos do que aquilo em que acredita.

E, pensando bem, este livro não é só sobre Charles. É sobre você. É sobre aquela voz dentro de você que questiona o sistema, que se recusa a seguir o caminho traçado pelos outros. Charles é a prova de que é possível dizer "não" às convenções — à residência médica, ao emprego seguro, à vida previsível — e ainda assim construir algo extraordinário. Ele foi para a Austrália, comprou um caminhão, enfrentou perrengues, voltou, abriu empresas, viajou o mundo, e tudo isso sem perder a essência de quem é. Ele me reforçou o que eu já sabia: o sucesso não é sobre seguir as regras, mas sobre encontrar as pessoas certas para compartilhar a jornada.

Essa leitura vai te desafiar a olhar para dentro e perguntar: "O que eu realmente quero?" Vai te fazer repensar o que significa sucesso, liberdade, felicidade. Charles não é perfeito — ninguém é. Mas ele nunca deixou os tropeços da vida definirem quem ele é. Pelo contrário, cada obstáculo foi um degrau para algo maior. E ele teve ao lado pessoas que acreditaram nele. Essas conexões, que você vai conhecer nas próximas páginas, são o que dão força à jornada dele. E são o que podem dar força à sua.

Portanto, prepare-se para viajar com Charles, não só para outros países, mas para dentro de si mesmo. Você vai ver como ele transformou frustrações em oportunidades, como encontrou sentido na liberdade e nos laços que construiu. Vai sorrir e se inspirar com as histórias dele. E, acima de tudo, vai sentir um chamado para sair da sua zona de conforto. Porque Charles não é só um médico, um empreendedor ou um viajante; ele é um lembrete de que a vida é muito curta para ser vivida dentro das linhas que os outros desenham.

Então, leitor, inicie as próximas páginas com o coração aberto. Deixe que ele te mova a encontrar sua própria versão da coragem. Busque as pessoas que te elevam, que te desafiam a ser mais, que te apoiam mesmo quando você decide nadar contra a corrente. E, acima de tudo, não tenha medo de dizer “não” ao sistema. Porque, como Charles nos mostra, a verdadeira liberdade está em viver de acordo com o que faz seu coração pulsar. Este livro é um mapa para essa liberdade. Boa leitura — e boa jornada.

Introdução

COMEÇAR É ESCOLHER

Por Dr. Charles Malverdi

Ao pegar este livro, você não está apenas propenso a iniciar uma leitura — está aceitando um convite para questionar o que lhe disseram sobre o que significa seguir uma carreira, sobre o que é sucesso, sobre o que é existir. Sou médico por formação, mas também empreendedor, viajante e alguém que decidiu que a medicina não precisava ser uma âncora que me prendesse a um sistema rígido, cheio de regras que nem sempre fazem sentido. Então eu falo para você que sente, mesmo que lá no fundo, que há outro jeito de encarar tudo isso. Não é uma receita pronta, nem um manual de instruções. É uma provocação, uma faísca para que você olhe para suas escolhas e se pergunte: e se eu pudesse fazer diferente?

Ser médico é uma responsabilidade imensa. Desde o vestibular, enfrentamos uma pressão que nos molda: estudar até a exaustão, competir por vagas, aprender a tomar decisões que podem mudar destinos. Mas, em algum momento, percebi que o sistema que nos forma também nos limita. Ele nos ensina a salvar pessoas, mas muitas vezes nos esquece de preservarmos a nós mesmos. Plantões que roubam noites, salários que não refletem o esforço, uma rotina que pode apagar o brilho de quem começou cheio de ideais. Eu passei por isso. E decidi que não queria esse caminho. Não porque a medicina não valha a pena, mas porque acreditei que ela poderia ser mais — uma ferramenta para transformar, não grades que prendem.

A medicina foi minha escolha, mas não quis que ela me definisse. Quis usá-la como um trampolim para construir algo que tivesse sentido para mim — algo onde eu pudesse salvar pessoas, sim, mas também explorar o mundo, criar negócios, inspirar outros a questionarem o que parece inevitável. Cada novo país, cada cultura distante, cada conversa com alguém que via as coisas de outro jeito me mostrava que o mundo é maior do que o sistema quer que acreditemos. Viajar não é só mudar de lugar; é mudar de perspectiva. É perceber que as regras que nos impõem — trabalhar até se esgotar, adiar os sonhos, buscar segurança acima de tudo — não são verdades absolutas. São escolhas. E, se são escolhas, podemos optar por outro caminho.

Empreender foi minha forma de colocar isso em prática. Não falo de abrir empresas gigantes ou ganhar milhões, mas de tomar as rédeas do próprio destino. Empreender, para mim, é uma mentalidade: é observar o que todo mundo aceita e perguntar "por quê?". É criar soluções onde outros veem problemas.

Este livro é sobre essa jornada. É uma conversa intimista entre nós, sobre o que significa ser doutor em um mundo que nos pressiona a sermos apenas uma coisa, quando podemos ser tantas. É sobre como a medicina pode ser diferente — não apenas para mim, mas para você. Talvez você seja um estudante, exausto pelo peso dos livros e da competição, imaginando como será o futuro. Talvez seja um profissional formado, preso a uma rotina que não o satisfaz, sentindo que perdeu o propósito que o levou a essa carreira. Ou talvez você seja apenas alguém que sente que as regras, quaisquer que sejam, estão limitando seus sonhos. A mensagem é universal: você pode criar seu próprio caminho.

E a liberdade? Uma carreira profissional pode ser uma prisão, com suas hierarquias, burocracias e expectativas, ou pode ser uma ponte para algo maior. Eu escolhi a segunda opção, e isso me levou a lugares que nunca imaginei. Não falo só de países distantes, mas de um estado de espírito: o livre-arbítrio de decidir, de arriscar, de existir alinhado com o que acredito. Não foi um processo rápido, nem indolor. Mudar exige coragem, porque o sistema não gosta de quem o questiona. Ele nos vende a ideia de que segurança é seguir o roteiro: estudar, trabalhar, se aposentar. Mas a verdadeira segurança é saber que você pode criar suas próprias oportunidades, que não depende de um chefe, de um contrato, de um crachá para se sentir realizado.

Escrever este livro foi minha forma de compartilhar essa descoberta. Cada página é um pedaço da minha trajetória, mas também um espelho para a sua. Quero que você leia e sinta que não está sozinho, que aquele desejo de ir contra a maioria é válido, que o incômodo que você sente é o começo de algo poderoso. Não vou te dizer o que fazer — cada um tem seu próprio mapa —, mas vou te mostrar que é possível. Que dá para ser médico e viajar o mundo. Que dá para ajudar outras pessoas e ter tempo para você. Que dá para empreender, errar, aprender e continuar, sem se curvar ao que todo mundo faz.

A mentalidade é a chave. Percebi que a mudança começa dentro. É sobre como você enxerga os desafios, como lida com os erros, como escolhe seus hábitos. Pequenas decisões — reservar um tempo para se cuidar, buscar conhecimento fora da caixa, dizer não ao que não faz sentido — podem transformar tudo. Cada experiência, cada pessoa que cruzou meu caminho, me mostrou que tudo é feito de escolhas. Escolhas que nos levam mais perto de quem queremos ser.

Enquanto você lê estas páginas, quero que sinta o mesmo fogo que senti quando decidi que não viveria no automático. Quero que você termine cada capítulo com uma pergunta: e se fosse comigo, o que faria? Não precisa ser uma mudança radical — às vezes é um pequeno passo, como começar um novo hábito, buscar uma nova habilidade, ou conversar com alguém com mais anos de bagagem. Esses passos, por menores que sejam, são o começo de uma transformação. E, acredite, o mundo precisa de pessoas que pensem assim: que ousem, que criem, que existam com propósito.

Esta é minha história, mas também a sua. É um chamado para desafiar o sistema, para acreditar que não apenas a medicina pode ser diferente, mas tudo pode ser diferente.

Capítulo 1

O PASSADO ENSINA

Aos onze anos, um momento simples mudou a maneira como eu enxergava a vida. Não foi um grande evento, mas algo comum que me entregou uma lição poderosa. Era véspera de Natal de 1998, em São Mateus, cidade pequena no Espírito Santo onde cresci, e estávamos na casa da minha tia, onde a família se reunia. O dia estava sendo cheio, com meus primos e eu brincando sem parar, enquanto os adultos preparavam a ceia. Meu pai era quem mais se envolvia na cozinha. Diferente da minha mãe, que não gostava muito dessas tarefas, ele adorava. Passou a tarde inteira com minha tia, a dona da casa, arrumando a mesa, cortando frutas, preparando as comidas típicas de Natal — peru, chester, farofa, tudo que fazia a mesa brilhar. Quando terminou, por volta das cinco ou seis da tarde, ele finalmente se sentou numa cadeira de praia no quintal, abriu uma cerveja gelada e parecia relaxado, pronto para curtir a noite com a gente.

Então, veio a buzinada. Um carro da Petrobras parou na frente da casa, com aquele som curto e seco que cortava o clima. Olhei para o meu pai e vi sua expressão mudar. Ele baixou a cabeça, como se soubesse o que vinha pela frente. Sem dizer nada, deixou a cerveja intocada, levantou, foi até o quarto e arrumou suas roupas numa malinha que sempre ficava preparada. Não era uma emergência, apenas o jeito como as coisas funcionavam: quando a Petrobras chamava, ele ia. Não importava que fosse Natal, que ele tivesse passado a tarde preparando a ceia, que a família estivesse reunida. Ele não tinha escolha.

Meu pai era técnico em mecânica, um cara dedicado, com uma determinação que eu admirava mesmo sendo tão jovem. Ele passava semanas nas plataformas de petróleo, preso a turnos que não respeitavam feriados ou datas especiais. Era um trabalho honesto, que colocava comida na mesa, mas exigia tudo dele: seu tempo, sua energia, sua presença. Naquele final de tarde, ele saiu do quarto com a mala, deu um beijo na minha mãe e fez uma piada para aliviar o clima, mas dava para ver que não queria ir. Ele partiu, prometendo voltar em alguns dias, e a casa ficou mais quieta.

Aquele momento ficou marcado em mim. Não por ser pesado, mas porque me fez perceber algo: meu pai não era dono do próprio tempo. O sistema decidia por ele. Naquele dia, com apenas onze anos, comecei a formar uma ideia que só faria sentido anos depois: eu não queria viver como meu pai. Não porque não o admirava — ele era meu maior exemplo de trabalho duro —, mas porque eu não queria que um telefonema tivesse o poder de me tirar da minha vida, da minha família, dos meus momentos. Meu pai já não está mais entre nós, faleceu há alguns anos, mas o que aprendi com ele continua me guiando. Ele fazia o que precisava para sustentar a gente, mas pagava um preço alto. Ele não tinha liberdade. Não podia escolher ficar em casa no Natal, tomar aquela cerveja, estar com os filhos. O sistema não dava essa opção. E eu decidi que minha vida seria diferente.

Creio que este episódio foi o pontapé inicial, o momento em que percebi que o caminho "normal" não era para mim. Não que eu tivesse um plano claro na cabeça. Eu era só um garoto, mas sabia que não queria ser controlado por um chefe, uma empresa, um sistema que me tratava como peça de uma máquina. Eu queria ser dono das minhas escolhas, do meu tempo, do meu futuro. Anos depois, quando descobri o empreendedorismo, vi que era exatamente isso que eu buscava: uma vida em que eu pudesse decidir meu próprio caminho. E, de preferência, viajando.

Para mim, empreendedorismo não é só abrir um negócio ou ganhar dinheiro. É uma mentalidade. É olhar para o que todo mundo aceita — estudar, trabalhar, se aposentar — e perguntar: "Por que tem que ser assim?" É acreditar que você pode criar algo seu, algo que te dê liberdade. Liberdade não é trabalhar menos. Na verdade, como empreendedor, muitas vezes trabalho mais do que qualquer funcionário de empresa. Mas a diferença é que eu escolho. Se quero trabalhar até meia-noite numa ideia nova, eu trabalho. Se quero tirar uma semana para descansar, eu tiro. Se quero viajar e passar um feriado com quem amo, eu passo. Essa é a liberdade que o sistema nunca deu ao meu pai, e é o que me motiva todos os dias.

Ser empreendedor é sobre tomar as rédeas da sua vida. É entender que você não precisa seguir o roteiro que te entregam. O sistema quer que você acredite que a segurança está num emprego fixo, numa carteira assinada, numa rotina previsível. Mas segurança de verdade é saber que você pode criar suas próprias oportunidades.

Quando comecei minha jornada, não tinha todas as respostas. Eu não sabia por onde começar, não tinha dinheiro sobrando, nem contatos importantes. O que eu tinha era uma vontade de fazer diferente e a certeza de que o sistema não era para mim. Tive ideias que falharam, noites em que duvidei de mim mesmo, momentos em que o caminho parecia incerto. Mas cada passo, cada tentativa, me aproximava de uma vida que eu controlava.

O empreendedorismo me ensinou que o sucesso não é só sobre dinheiro, mas sobre opções. É sobre ter o poder de dizer "sim" ao que importa e "não" ao que não quero. Hoje, tenho uma liberdade financeira que me permite viver nos meus termos. Não porque sou mais esperto que os outros, mas porque decidi *não jogar* o jogo do sistema. Decidi criar o meu. Lógico que essa liberdade não veio de graça. Exigiu anos. Mas cada obstáculo foi uma lição. Afinal, o empreendedorismo é um ciclo de tentativa, erro e aprendizado. E, a cada ciclo, você fica mais forte, mais preparado, mais livre.

Um dos maiores aprendizados que tive foi que empreender não é sobre trabalhar sozinho. No começo, eu achava que precisava fazer tudo por conta própria. Queria provar que podia dar conta de tudo: criar, vender, entregar. Mas logo percebi que isso era um erro. Os melhores empreendedores sabem construir redes. Eles encontram pessoas que acreditam no que fazem, aprendem com quem já trilhou o caminho, e colaboram para crescer. Quando comecei a trabalhar com parceiros, minha visão mudou. Um amigo que entendia de marketing me ajudou a posicionar melhor meu negócio. Um mentor me mostrou como negociar contratos maiores. Hoje, trabalho com pessoas que me desafiam a ser melhor, que trazem perspectivas novas. Isso é parte da liberdade: escolher com quem você caminha, em vez de ter um chefe te dizendo o que fazer.

Outro ponto crucial é que empreender exige coragem. O sistema te ensina a evitar riscos, a buscar o caminho mais seguro. Mas, no empreendedorismo, risco é parte do jogo. Não estou falando de atirar tudo para o alto sem pensar — é um risco calculado, é testar, é ajustar.

O sistema quer que você acredite que a estabilidade está em seguir as regras. Que segurança vem de horários fixos, chefes satisfeitos e crachás pendurados. Mas, ao longo do tempo, aprendi que a verdadeira estabilidade nasce de outra fonte: de confiar em si mesmo. Liberdade, afinal, não é sobre romper tudo — é sobre saber que você pode escolher. E que não precisa mais viver no automático.

Quando você assume as rédeas da sua vida, seja empreendendo, mudando de carreira, ou simplesmente dizendo "não" ao que não te serve mais, você se torna o seu próprio plano A, B e C. Não depende de uma empresa te manter empregado ou de um chefe te reconhecer. Você cria seu valor. E isso, sim, é libertador.

Mas liberdade não é só sobre o que você faz. É, sobretudo, sobre o que você deixa de fazer. Quando comecei, achava que a liberdade viria com leveza o tempo todo — mas aprendi que ela vem com responsabilidade. E com o tempo, você entende: o que parecia impossível no começo — viver nos seus termos, construir uma vida com propósito — é, sim, alcançável. Logo, essa jornada também me ensinou a valorizar os erros. No sistema, um fracasso pode te rotular. Mas quando você está livre, ele é só parte do caminho.

Não preciso mais lidar com reuniões vazias que só existem para preencher a agenda de alguém. Não preciso pedir permissão para descansar, para cuidar de mim, para mudar de direção. Não preciso fingir ser alguém que um cargo exige. Essa autonomia me dá espaço para criar, para pensar, para viver de forma mais alinhada com quem eu sou. E isso não é só sobre mim. Quando você escolhe a liberdade, você inspira e impacta outras pessoas também. Mostra que existe outro caminho. Que é possível sair do molde.

Liberdade é isso: processo. Movimento. Escolha diária. E não importa se você vai empreender, mudar de país ou simplesmente viver com mais verdade — o que importa é que seja sua escolha. Se você sente esse incômodo, essa vontade de romper com o que não te representa mais, saiba: você não está sozinho. Não precisa ter todas as respostas. Eu também não tinha. Mas comecei. E isso mudou tudo.

Nos próximos capítulos, vou contar mais sobre como transformei essa vontade em realidade, os erros que cometi, as vitórias que conquistei. Por enquanto, fica a pergunta: e você, já pensou no que poderia criar se decidisse ser dono do seu próprio caminho?

Sair do sistema é o primeiro passo.

Capítulo 2

A DÚVIDA E A AÇÃO

Agora vem a ironia. Aqui estou eu, Charles Malverdi, o garoto que olhou para a vida do meu pai — engolido por turnos que não escolhia na Petrobras — e jurou nunca se curvar ao sistema. Mesmo me certificando ao dizer que queria liberdade, ser dono do meu tempo, construir algo meu, longe do ciclo de estudar, trabalhar para alguém, aposentar, escolhi a medicina. A carreira dos vestibulares assassinos, dos plantões que te arrancam a alma, da hierarquia onde você começa como um estagiário que mal pode abrir a boca. Se isso não é mergulhar de cabeça no sistema, eu não sei o que é. Mas, antes que você ache que me rendi ou que traí meus próprios ideais, deixa eu te contar como cheguei aqui. Porque, para mim, a medicina não foi uma entrega ao sistema, foi uma forma de usá-lo, de transformá-lo em algo meu.

Aos 17 anos, decidi seguir por esta porta, mas olhando para trás, vejo como é difícil escolher uma carreira tão jovem. Nessa idade a gente mal entende a vida. Eu era um garoto tentando acertar, pressionado por expectativas de família, amigos e essa ideia de "sucesso" que todo mundo vende. Muitos acabam trocando de profissão mais tarde porque, tão novo, a decisão é mais um chute guiado pelo que está ao redor do que uma certeza. E a medicina entrou no meu caminho por influência de quem estava perto. Minha namoradinha da época planejava estudar medicina, meu irmão decidiu seguir o mesmo rumo, e eu acabei embarcando com eles. Não foi só por idealismo. Pensei na grana também. Medicina tinha fama de carreira estável, que pagava bem. Com pouca experiência e a cabeça cheia de ideias, parecia o melhor plano.

Parece uma escolha direta, mas não foi. Eu sabia que estava entrando num caminho que, à primeira vista, era o próprio sistema que eu rejeitava. Vestibular com concorrência absurda, anos de estudo, plantões que te fazem esquecer o que é dormir. Mas, para mim, a medicina não era sobre me encaixar no sistema; era sobre usá-la para algo maior. Mesmo novo, eu queria impacto. Eu imaginava um futuro onde pudesse ter meu próprio negócio na saúde, definir meu ritmo, ajudar pessoas do meu jeito. Era uma aposta alta, mas quem não arrisca não cria nada.

Escolher uma carreira é um dos momentos mais definidores da vida, e nem sempre percebemos o quanto essas decisões são moldadas por forças ao nosso redor. Quando somos jovens, achamos que escolhemos sozinhos, mas a verdade é que nossas escolhas são um mosaico produzido pela família e amigos próximos. E tem a sociedade, que sussurra o que é "certo" ou "prestigiado". Muita gente escolhe uma profissão pelo que ela promete pagar. Direito, Engenharia, Medicina — carreiras que, na cabeça de muitos, são sinônimo de salário alto, estabilidade, sucesso. Mas aqui vai uma verdade que demorei para aprender: não é a profissão que te remunera bem ou mal. É o que você faz com ela.

Escolher uma carreira é como escolher um caminho numa floresta. Você pode seguir a trilha que todo mundo pisa, porque parece segura, ou pode abrir sua própria clareira, mesmo que dê mais trabalho. Muita gente escolhe pelo dinheiro, e não há nada errado em querer estabilidade. Mas o erro é achar que o salário vem só do título da profissão. Um engenheiro que inova, que cria soluções novas, vai ganhar mais do que um que só segue ordens. Um professor que inspira, que cria projetos fora da sala, vai encontrar formas de ser reconhecido. Na medicina, vi isso de perto. Tem médicos que vivem correndo atrás de plantões, presos ao sistema, e outros que constroem carreiras livres, porque pensam diferente. Eu escolhi a medicina, mas não quis ser só mais um médico. Quis ser um que faz as coisas do seu jeito.

A medicina, com sua aura de nobreza e promessa de salvar vidas, foi para mim um campo de batalha onde enfrentei não apenas as complexidades da ciência, mas os limites da minha própria alma. Desde os primeiros dias na faculdade, até os plantões exaustivos em prontos-socorros e UTIs, a profissão me testou de maneiras que eu jamais poderia prever. Não foram apenas as noites sem dormir ou as horas intermináveis de estudo que me marcaram, mas os momentos em que questionei se aquele era o meu lugar no mundo. A medicina me apresentou um paradoxo: ao mesmo tempo em que oferecia um propósito elevado, revelava um sistema falho, repleto de burocracias, desvalorização e conflitos humanos que corroíam o idealismo de um jovem médico.

Quando pisei pela primeira vez no campus da Faculdade de Medicina de Itaperuna, no Rio de Janeiro, em 2006, carregava a empolgação de quem cruzava um portal para um futuro promissor, mas também a inquietação de quem não sabia ao certo por que estava ali. Havia, claro, a promessa de estabilidade financeira, um atrativo poderoso para um jovem de classe média que cresceu vendo o esforço dos pais para sustentar a família. Mas, acima de tudo, havia a esperança de encontrar um propósito, algo que justificasse os anos de dedicação que viriam.

Os primeiros meses na faculdade foram um choque. O volume de informações era avassalador, e o sistema acadêmico, com sua rigidez e hierarquia, parecia mais interessado em moldar alunos obedientes do que em formar médicos pensantes. Eu nunca tive problemas com os estudos — sempre fui disciplinado —, mas algo dentro de mim se rebelava contra a cultura de submissão que permeava o ambiente. Professores que pareciam mais preocupados em afirmar sua autoridade do que em ensinar eram um obstáculo constante. Lembro de um professor de clínica médica, no internato, um homem de postura rígida e métodos duros. Ele parecia gostar de intimidar os alunos, usando a pressão psicológica como ferramenta pedagógica. Para muitos, isso era apenas parte do rito de passagem da medicina, mas eu me recusava a aceitar. "Se quiser me reprovar, reprove", eu pensava enquanto fazia o que era exigido, mas sem me curvar às suas táticas. Não era rebeldia pela rebeldia; era uma questão de dignidade. Eu acreditava que ser médico não significava abrir mão de quem eu era. Essa resistência ecoava uma postura que já tinha na escola, onde questionava professores que exigiam obediência cega. Na faculdade, isso se intensificava. Enquanto colegas aceitavam estágios exaustivos por acreditarem que era o caminho para a residência, eu me recusava a trabalhar de graça ou me submeter a práticas que não respeitavam meu tempo, cumprindo minhas obrigações sem comprometer minha essência.

Essa resistência, porém, teve seu preço. No primeiro período, quase abandonei a faculdade. Não foi o peso dos estudos ou a complexidade das matérias que me abalaram, mas a convivência com um colega de apartamento. Mudei de Vitória para Itaperuna, morando em uma república, e dividíamos um espaço pequeno. As diferenças de personalidade logo se transformaram em atritos diários. A tensão era tão grande que, por semanas, considerei largar tudo e voltar para Vitória, onde minha família estava baseada. "Não é isso que quero para a minha vida", dizia a mim mesmo, imaginando uma rotina onde pudesse respirar sem sentir o peso de conflitos constantes. Mas, com o tempo, percebi que desistir por causa de uma má convivência seria ceder ao impulso, não ao propósito. Resolvi mudar de apartamento, e, curiosamente, aquele colega e eu acabamos nos tornando amigos anos depois, quando já não dividíamos o mesmo teto. A experiência, porém, deixou uma marca: a medicina, eu começava a entender, exigia não apenas conhecimento, mas resiliência para enfrentar os desafios humanos que vinham com ela.

Capítulo 3

ENXERGAR O MUNDO COMO ELE É

Os anos na faculdade foram uma montanha-russa de aprendizado e questionamentos. Eu me identificava com disciplinas práticas, como cirurgia geral, e, mais tarde, com a coloproctologia, que me atraía pela precisão e pelo impacto direto na vida dos pacientes. Passei em provas para estágios nessas áreas, trabalhando com professores que, apesar das exigências, me ensinaram o valor da técnica e da responsabilidade. Mas, à medida que avançava, começava a enxergar as rachaduras no sistema. A ideia da residência médica, tão endeusada por colegas e professores, era apresentada como o único caminho para uma carreira respeitável. "Todo médico precisa fazer residência", ouvia-se nos corredores, como se fosse uma verdade absoluta. No entanto, quando comecei a investigar, descobri que o programa, embora valioso para a formação, vinha com um custo alto: uma bolsa insuficiente para cobrir as despesas básicas, longas jornadas de trabalho e a perspectiva de anos de dedicação intensa antes de alcançar alguma estabilidade.

A minha decisão de não fazer residência foi, para

muitos, um ato de loucura. "Você é maluco?", perguntavam colegas, com uma mistura de espanto e julgamento. Mas, para mim, era uma questão de coerência. Durante a faculdade, perdi meu pai, um homem que sempre me incentivou a buscar liberdade e a não me conformar com caminhos impostos. Sua morte, no meio do curso, trouxe não apenas dor, mas dificuldades financeiras. A pensão que minha mãe recebia não era suficiente para me sustentar, e eu sabia que a bolsa da residência, por mais prestigiosa que fosse, não cobriria minhas necessidades. Mais do que isso, eu não conseguia me imaginar preso a um sistema que exigia tantas horas de trabalho por tão pouco retorno financeiro e pessoal. Eu queria ser médico, sim, mas não às custas da minha dignidade ou da minha saúde mental.

Essa escolha, porém, não veio de forma tranquila. Havia momentos em que me perguntava se estava cometendo um erro, se minha recusa em seguir o "efeito manada" me condenaria a uma carreira medíocre. Participei de cursos preparatórios para residência, passei na primeira fase de algumas provas, mas, no fundo, sabia que não era o que queria. Desistir das próximas etapas foi um alívio, mas também um salto no escuro. Eu estava escolhendo um caminho menos trilhado, sem garantias de sucesso, e isso exigia uma coragem que, na época, eu nem sabia que tinha. Olhando para trás, percebo que foi um dos períodos mais definidores da minha vida: a decisão de ouvir minha própria voz, mesmo quando todos ao meu redor diziam que eu estava errado.

Ao me formar, em 2012, entrei no mercado de trabalho com a determinação de um iniciante, mas também com a insegurança de quem sabia que estava despreparado para o que vinha pela frente. Meu primeiro emprego foi como plantonista em um pronto-socorro, um ambiente caótico onde a teoria da faculdade encontrava a realidade crua da prática. Os plantões eram longos, muitas vezes extenuantes, e o sistema de saúde, com sua burocracia e falta de recursos, parecia trabalhar contra mim. Havia dias em que o pronto-socorro estava tão lotado que os pacientes aguardavam horas por atendimento, e eu, com pouca experiência, precisava tomar decisões rápidas, sob pressão. Era como ser jogado em um mar revolto sem saber nadar. Mas, com o tempo, aprendi a navegar. Cada plantão era uma lição, cada erro uma oportunidade de crescer. Em quatro meses, já estava dando os primeiros passos na UTI, uma unidade que, apesar de seus desafios, oferecia um ambiente mais controlado e um aprendizado profundo sobre a medicina.

A UTI foi onde encontrei uma certa paz, mas também onde vi de perto as falhas mais graves do sistema de saúde. A falta de leitos era uma constante, e não era raro ver pacientes graves morrerem por ausência de estrutura. Os familiares, muitas vezes, despejavam sua dor e frustração nos médicos, sem entender que éramos apenas peças em um sistema maior, quebrado. E, dentro desse ciclo, havia conflitos entre os próprios profissionais: médicos competindo por contratos, equipes médicas desvalorizando umas às outras, enfermeiros e médicos em atritos constantes. Era um ambiente onde a colaboração, tão essencial para salvar vidas, muitas vezes cedia espaço ao ego e à sobrevivência individual.

Um dos problemas mais graves que enfrentei foi a questão financeira. Salários atrasados eram comuns, e, em alguns casos, nunca foram pagos. Havia colegas que precisavam recorrer à justiça para receber o que lhes era devido, um processo longo e desgastante. Além disso, a pressão para aceitar plantões extras — muitas vezes mal remunerados — era constante. "Você precisa pegar esse plantão", diziam alguns colegas, quase como uma chantagem emocional. Eu me recusava, não por falta de compromisso, mas porque via o quanto essa cultura de exploração prejudicava a todos. A medicina, que deveria ser uma profissão de cuidado, estava sendo reduzida a uma corrida por sobrevivência, onde os médicos, exaustos e mal pagos, eram pressionados a trabalhar além de seus limites.

Na UTI, aprendi a lidar com a fragilidade da vida, a tomar decisões que faziam a diferença entre a morte e a sobrevivência. Cada paciente que se recuperava era uma vitória, um lembrete de por que, apesar de tudo, eu havia escolhido essa profissão. Mas essas vitórias eram contrabalançadas por frustrações sistêmicas. Segundo um estudo da Associação Médica Brasileira de 2018, cerca de 60% dos médicos brasileiros relatam sintomas de *burnout*, e a falta de estrutura no sistema de saúde é um dos principais fatores (AMB, 2018). Minha experiência ecoava esses números. Eu via colegas esgotados, desmotivados, presos a uma rotina que os consumia.

Essas experiências me marcaram profundamente, mas também me ensinaram a importância de planejar minha própria trajetória. Enquanto muitos colegas se endividavam, comprando carros caros ou financiando apartamentos na empolgação dos primeiros salários, eu escolhi um caminho diferente. Via amigos presos à "corrida dos ratos", trabalhando incansavelmente para pagar prestações, sem tempo para viver ou refletir sobre o que realmente queriam. Um deles, em particular, me confidenciou sua angústia em um café em Vitória. Ele havia financiado dois apartamentos em Niterói e estava afogado em dívidas. "Não sei mais o que fazer", disse, com os olhos marejados. Minha resposta acabou sendo direta: "Ou você trabalha até se matar para pagar isso, ou vende tudo e começa de novo". Foi um momento que cristalizou minha visão: a liberdade, para mim, era mais valiosa do que qualquer bem material. Eu não queria ser escravo de dívidas ou de um sistema que desvalorizava minha profissão. E decidi investir em experiências que me trouxessem crescimento pessoal e profissional.

Capítulo 4

MOVIMENTOS NECESSÁRIOS

O esporte é a base de tudo. Não é apenas uma frase que soa bem ou uma ideia romântica; é uma verdade que carrego no corpo e na alma, forjada em décadas de suor, risadas e lições aprendidas em campos, quadras e ondas. Olhando para trás, vejo que o esporte não foi só um passatempo, mas a espinha dorsal da minha vida, o que me deu equilíbrio quando o mundo parecia quebrar, energia quando a rotina ameaçava me engolir, e liberdade quando as obrigações tentavam me prender. Ele me ensinou a ser resiliente, a buscar o que quero sem medo. E, acima de tudo, me mostrou que, não importa o quão atribulada seja a vida, sempre há tempo para se mover, para se conectar com o que nos faz vivos.

Minha história com o esporte começou cedo, na cidade onde cresci, São Mateus. Naquela época, sem celulares ou Wi-Fi, a rua era o meu mundo. Eu era um menino inquieto, daqueles que não conseguiam ficar em casa. Chegava da escola, almoçava correndo e saía, onde tudo parecia maior, mais cheio de possibilidades. Meu irmão, Michel, um ano e meio mais velho, era meu companheiro constante, mas também meu contraste. Ele gostava de ficar mais tempo em casa, dormir à tarde — o que, segundo meu pai, explicava por que ele cresceu mais que eu. Eu, por outro lado, era pura energia, sempre em movimento, sempre na rua. Meu pai dizia que eu não parava quieto, e ele tinha razão. Mas ele também entendia essa energia, porque o esporte corria no sangue dele.

Meu pai, Bira, foi nadador profissional na juventude, competindo pelo Clube do Remo, em Belém, onde morou durante seus estudos. Nascido em Macapá, ele encontrou no Remo não apenas um clube, mas um palco para sua paixão. Aos 17 anos, foi recordista norte e nordeste em provas de natação, como os 100 metros livre, nadando com uma determinação que impressionava. Mas o futebol era sua outra paixão. Ele jogou a vida inteira, com um amor que transborda nas histórias que contava. Sonhava em ter um campo de futebol próprio, um sonho que nunca realizou, mas que plantou em mim e no Michel uma conexão profunda com o esporte. Ele também foi técnico dos juniores do São Mateus e comentarista de rádio local, narrando jogos com a mesma emoção que colocava em tudo o que fazia. O esporte era parte de quem ele era, e ele nos passou isso como um legado. Ele era mais que um pai; era um amigo, sempre presente, vibrando com cada conquista nossa, por menor que fosse.

Nossa casa era de classe média, mas tínhamos um privilégio que moldou minha infância: éramos sócios do Clube dos Empregados da Petrobras, o CEPE, em São Mateus. Aquele lugar era um paraíso para um menino como eu. Havia dois campos de futebol, quadras de tênis, ginásio, academia, piscina — tudo o que se pudesse imaginar para se mexer e se divertir. O CEPE era mais do que um clube; era o coração da nossa comunidade, onde a vida acontecia. Sem redes sociais, o clube era nossa novela "Malhação" da vida real, como brincávamos. Lá, jogávamos, paquerávamos, fazíamos amigos. Foi onde conheci minha primeira namorada, aos 15 anos, uma relação que durou quase uma década. E foi no CEPE que vivi algumas das memórias mais marcantes da minha infância, especialmente com o futsal, onde eu, Ricardo Bastos, Ruy e Gustavo, meus amigos de infância, formávamos o time da escola.

O futsal era mais que um jogo para nós; era uma aventura épica. Na escola particular onde estudávamos, éramos vistos como "playboys" pelas outras escolas, especialmente as públicas, que nos vaiavam e desdenhavam nos campeonatos interescolares. Mas isso só nos dava mais fogo. Jogávamos no ginásio municipal, com arquibancadas lotadas, e, para garotos de 10 a 14 anos, cada partida parecia a final da Champions League. A energia era contagiante. Ganhamos vários campeonatos — talvez cinco seguidos, não lembro exatamente, mas o sentimento era de invencibilidade. Meu pai estava sempre lá, na torcida, com um sorriso enorme e uma sacola cheia de pipocas doces e balas, daquelas em saquinhos rosa. Ele nos entregava os saquinhos antes dos jogos, dizendo: "Joguem isso pra torcida, conquistem eles!" E lá íamos nós, jogando pipoca e balas pras arquibancadas, rindo enquanto tentávamos virar as vaias em aplausos. Era uma estratégia simples, mas genial, típica do meu pai, que sabia como transformar um momento em algo inesquecível.

Lembro de um jogo contra o time do Arnóbio, que vencemos por 2 a 1 numa manhã quente. Depois, meu pai nos levou de volta pro CEPE, onde tomamos sorvete e mergulhamos na piscina pra relaxar pro próximo jogo. Ele estava sempre ali, torcendo, apoiando, mesmo quando enfrentava seus próprios desafios, como a radioterapia mais tarde na vida. Ele era o nosso maior incentivador, e aquelas memórias com ele e meus amigos — Ricardo Bastos, Ruy, Gustavo — são o tipo de coisa que carrego comigo até hoje.

Minha paixão sempre foi o futebol, seja no campo ou na quadra. Eu amava o jogo, mas não porque queria ser o melhor ou o mais habilidoso. Era algo mais profundo, algo que sinto até hoje e que, acho, está no meu DNA. Eu jogo futebol porque é liberdade, é alegria, é estar presente no momento. Mas, se o futebol virasse uma obrigação, se eu tivesse que jogar por pressão ou rotina, provavelmente perderia o encanto. É assim com tudo na minha vida: amo fazer algo bem, mas no momento em que vira uma tarefa, perco o interesse. O esporte, para mim, nunca foi sobre cumprir expectativas; foi sobre escolher estar ali, sentir o vento no rosto, o impacto da bola no pé, a conexão com os outros — como naqueles jogos no ginásio, com meus amigos e a torcida vibrando.

Michel era diferente. Ele tinha um talento natural para o futebol, a ponto de quase se tornar profissional. Chegou a treinar nas categorias de base, e os técnicos viam potencial nele. Mas, como eu, ele escolheu os estudos, e o futebol ficou como paixão, não profissão. Ainda hoje, ele joga em campeonatos amadores, e eu o acompanho quando posso. Ele é melhor que eu — sempre foi, com sua força e precisão. Hoje em dia trabalha como médico na área de medicina preventiva, com foco em medicina esportiva e nutrologia, ajudando a otimizar o desempenho de atletas. O esporte continua sendo parte essencial da vida dele, assim como da minha. Sempre estivemos "no shape", como ele diz, porque o esporte nos mantém não só fisicamente saudáveis, mas mentalmente alinhados.

No CEPE, além do futsal e do futebol, comecei a me aventurar no tênis. Era um esporte diferente, mais técnico, mais individual, que exigia uma concentração que eu nem sabia que tinha. Eu me dedicava, treinava com afinco, e logo estava dividindo meu tempo entre as quadras e os campos. O tênis me ensinou paciência, estratégia, e a lidar com a pressão de estar sozinho do outro lado da rede. Cada ponto era uma batalha mental, um exercício de foco que me ajudava a crescer. Mas, acima de tudo, reforçou algo que já sentia no futebol: o esporte era meu espaço de liberdade. Mesmo quando meu pai me obrigava a tirar uma soneca à tarde para "crescer" como o Michel, eu contava os minutos para voltar ao clube, onde podia ser eu mesmo, fosse chutando uma bola ou acertando um saque.

Quando entrei na faculdade de Medicina, em Itaperuna, no Rio de Janeiro, o esporte continuou sendo minha âncora. Enquanto muitos colegas abandonavam hobbies e se enterravam nos livros, eu continuava jogando futebol. Entrei para o time da faculdade, organizei peladas, e mantive o esporte como parte essencial do meu dia a dia. Para mim, era inconcebível abrir mão disso. Lembro de um amigo que, ao entrar na faculdade, parou de jogar bola completamente, como se a medicina exigisse que ele apagasse quem era. Eu achava isso um absurdo. O esporte não era uma distração; era o que me mantinha são, focado, vivo.

Então, veio o surfe. Houve uma época em que mergulhei de cabeça no que me fazia bem: o esporte e as viagens. Comecei a praticar surfe com mais frequência, algo que já fazia esporadicamente, mas que ganhou força nessa fase. O surfe era diferente de tudo o que eu conhecia. Não havia adversários, só eu, a prancha e o mar. Cada onda era um desafio, mas também uma conversa com a natureza, um lembrete de que, no fundo, a vida é simples: você cai, levanta, e tenta de novo.

Essa liberdade é o que sempre busquei, desde menino. No futebol, no tênis, no surfe, eu encontrei um espaço onde não há obrigações, apenas a escolha de estar ali, de me entregar ao movimento. Essa escolha, esse amor pelo esporte sem amarras, é o que me define. Como já disse, se algo vira obrigação, perco o interesse. O esporte, para mim, é o oposto disso: é a expressão mais pura do que significa ser livre.

Hoje, com uma empresa de gestão hospitalar que exige de mim e do meu sócio Ricardo Vatanabe, com mais de cem colaboradores e contratos complexos, eu poderia facilmente me deixar engolir pela rotina. Mas não deixo. Acordo cedo, estudo para ser piloto de avião, faço aulas de alemão, e sempre reservo um tempo para o surfe ou uma pelada com amigos — muitas vezes com meu amigo Ricardo Bastos, que ainda me provoca dizendo que sou o menos habilidoso do nosso velho time de futsal. É o que me mantém equilibrado, o que me lembra de quem sou. E, claro, cuido da alimentação, algo que aprendi em parte com meu irmão, que, como médico nutrólogo, entende a conexão entre o que comemos e como vivemos. Não sou radical; sigo uma dieta balanceada, mas também me permito abusar de vez em quando. Comer é um dos prazeres da vida, e negá-lo seria como negar o próprio esporte. Mas escolho comer bem na maior parte do tempo porque sei que isso me dá energia para o que amo fazer. Uma alimentação saudável, junto com o esporte, reduz o estresse, melhora a tomada de decisão e me mantém no caminho que escolhi.

Refletindo sobre isso, percebo que o esporte não é só sobre saúde física, embora isso seja inegável. Estudos mostram que a prática regular de exercícios reduz o estresse, melhora o humor e aumenta a produtividade — algo que vivi na pele, desde os dias de futsal no ginásio até as manhãs no mar. Mas vai além. O esporte é sobre disciplina, sobre aprender a cair e levantar, sobre encontrar alegria no esforço. É sobre criar espaço na sua vida para o que realmente importa, mesmo quando o mundo tenta te convencer que não há tempo. Eu sei como é ter uma agenda cheia, compromissos que não acabam, responsabilidades que pesam. Mas também sei que uma hora na quadra, uma corrida na praia, ou uma sessão de surfe podem transformar o seu dia. Não é preciso ser um atleta profissional; basta se mover, de qualquer jeito, no seu ritmo.

Essa lição, que aprendi com meu pai, com o CEPE, com as ondas e os campos, é o que quero que você leve consigo. Meu pai, Bira, me mostrou isso não só com suas histórias de natação ou suas narrações apaixonadas no rádio, mas com gestos simples, como nos levar ao CEPE depois de um jogo apertado ou jogar pipoca doce e balas pra torcida pra nos ajudar a conquistar o público. O esporte não é um luxo, não é algo para "quando sobrar tempo". É a base de tudo, o que te conecta ao seu corpo, à sua essência, ao mundo ao seu redor. Ele te dá coragem para mudar, para dizer "não" ao que não te serve, para buscar a liberdade que todos merecemos. Mesmo que você só tenha trinta minutos por dia, use-os para se mexer. Corra, nade, chute uma bola, pegue uma onda. Não por obrigação, mas por amor a si mesmo. Porque, no fim, é o esporte que nos lembra que estamos vivos — e que a vida, com toda a sua correria, ainda pode ser um grande prazer.

Capítulo 5

INICIANDO NO EMPREENDEDORISMO

"Quero viver, quero sonhar, quero voar. Na minha vida, ninguém vai me segurar..." — Inspirado no espírito do pagode dos anos 2000

Hoje percebo que a liberdade não é apenas um ideal fugaz, mas um ritmo profundo, uma pulsação que nos impele a criar, arriscar e construir algo a partir do nada. Encontrei esse ritmo em São Mateus, Espírito Santo, ao mergulhar no meu primeiro empreendimento verdadeiro: um grupo de pagode que transcendeu a música para se tornar uma escola de vida. Não era apenas sobre tocar músicas ou animar festas; era sobre aprender a sonhar com audácia, colaborar com quem compartilha sua visão e equilibrar a paixão com a responsabilidade. A banda, nascida na varanda apertada da nossa casa, foi um microcosmo de tudo o que vim a valorizar: o otimismo incansável do meu pai, a firmeza prática da minha mãe, a lealdade discreta do meu irmão e a energia contagiante dos amigos que se tornaram família. Esta é a história da KiDelírio, um capítulo que moldou minha compreensão do que significa empreender.

Em São Mateus, no início dos anos 2000, eu me alimentava do movimento do lado de fora da minha casa. As ruas eram meu território, um espaço de risadas, improvisos e possibilidades infinitas. Entre os vizinhos, destacava-se Wisley, o Ratão, um garoto de 15 anos que acabara de aprender a tocar cavaquinho. Ele dominava exatas 25 músicas — um número que, por algum motivo, ficou gravado na minha memória. Seu irmão mais velho, o Gigante, com 18 anos, já tinha experiência no samba, trazendo um ar de autoridade ao grupo. Outro vizinho, Leonardo, o Leleco, sonhava em ser cantor. Eu, com minha energia inquieta, vi ali a chance de criar algo novo, algo nosso.

No começo, tudo não passava de uma brincadeira despretensiosa. Peguei um balde velho em casa que, com um pouco de imaginação, soava como um tantã. Outro amigo arranjou um chocalho, e começamos a ensaiar. Era uma bagunça organizada: eu batendo no balde, Wisley no cavaquinho, Leleco soltando a voz com mais entusiasmo do que técnica. Durante quatro ou cinco dias seguidos, nos reunimos na casa de Leleco, rindo e testando o que podíamos fazer. Uma noite cheguei em casa e encontrei meu pai estirado no sofá, absorto na televisão. "Pai, montamos uma banda com os meninos da rua. Você consegue comprar um surdão?", perguntei, com a empolgação de um garoto de 13 anos. Ele mal levantou os olhos, murmurou algo vago e continuou assistindo a TV. Desisti, fui tomar banho e deixei o assunto morrer.

No dia seguinte, voltando do tênis no Clube dos Empregados da Petrobras, o CEPE, cruzei com Leleco na ladeira que levava à nossa casa. Ele estava eufórico, quase gritando: "Charlin, seu pai comprou tudo!" Corri os dois quarteirões, o coração disparado. Quando cheguei, lá estavam: um surdo profissional, um tantã, um pandeiro e até uma parte de sonorização. Meu pai, com seu jeito sereno mas resoluto, disse apenas: "A partir de agora, vocês ensaiam na varanda daqui de casa". Foi um divisor de águas. Ele, com sua visão de quem nunca aceitava um "não", enxergou um potencial que nós, garotos, nem imaginávamos.

A varanda virou o coração da banda. Wisley assumiu o cavaquinho, seu irmão menor, o William, pegou o tantã, Gigante comandava os vocais, eu me joguei no surdo, Michel começou na percussão — que logo trocou pela viola — e Edgar, outro vizinho, entrou com o pandeiro. Éramos uma trupe de adolescentes, todos com menos de 18 anos, exceto o Gigante, mas com uma química que fazia o som ganhar vida. Minha mãe, Maria, sempre moderada, observava com uma mistura de empolgação e ceticismo. Ela mantinha a casa em ordem, cuidava das contas e, embora não entendesse muito de música, permitia que fizéssemos nosso barulho. Seu apoio era silencioso, mas essencial. Meu pai, por outro lado, era a chama que nos mantinha acesos. Ele não apenas incentivava; ele investia, planejava, sonhava por nós.

Os primeiros shows foram modestos: churrascos

de amigos do meu pai, aniversários no bairro, festas improvisadas. Cada apresentação rendia uns 15 ou 20 reais por pessoa, uma fortuna para um garoto de 13 anos. Eu torrava tudo em besteiras — refrigerantes, salgadinhos —, mas Edgar, com uma disciplina que eu admirava, guardava cada centavo e comprava ouro. Meu pai, percebendo que a banda tinha potencial, começou a estruturar as coisas. Fechou contratos fixos: toda quarta-feira no Varandão, um restaurante local, e toda sexta-feira no estacionamento do supermercado Champions, onde funcionava outro restaurante. O Inspira Samba, primeiro nome que escolhemos numa conversa desleixada, virou a sensação de São Mateus. As pessoas lotavam os lugares para nos ver, e a cidade começou a falar da molecada que fazia o pagode soar como festa.

Mas o nome Inspira Samba não durou. Um ano e meio depois, quando meu pai tentou registrar a banda, descobrimos que já existia outro grupo com esse nome. Após algumas discussões, mudamos para KiDelírio, assim mesmo, com um "K" para dar um toque de rebeldia. O novo nome caiu como uma luva, e com ele veio uma fase de crescimento. Meu pai, com sua visão quase utopista, decidiu profissionalizar a banda. Contratou músicos de apoio — teclado, contrabaixo, bateria, percussão completa — para dar um som mais robusto. Nesse ínterim, entrou o Elias Kid, alguém que foi importante para mim anos mais tarde, quando cheguei à Austrália. Passamos a tocar sucessos do Revelação e do Exaltasamba, mas também investimos em composições próprias. Em 2003, gravamos um CD com nossas músicas, um feito que, para uma banda de interior, era motivo de orgulho imenso. Meu pai negociava contratos, organizava viagens, lidava com tudo. Ele era nosso empresário, nosso maior defensor, o homem que transformava ideias em realidade.

Os shows começaram a ganhar escala. Saímos de São Mateus para outras cidades do Espírito Santo e até para a Bahia. Tocávamos em festivais, eventos de prefeitura, casas de show lotadas. Abrimos shows para o Pique Novo e o Molejo, momentos que guardo com um carinho especial. As viagens, feitas em ônibus alugados pelos contratantes, eram uma aventura à parte. Eu, já com 14 ou 15 anos, sentia que estava vivendo algo maior do que eu mesmo. Na escola, éramos celebridades locais. As meninas pediam autógrafos, os colegas queriam saber detalhes dos shows. Minha namorada da época, que conheci aos 15 anos no CEPE, adorava estar na plateia, os olhos brilhando enquanto eu batia o surdo com toda a energia. Michel, mais introspectivo, curtia o palco, mas não se deixava levar pela fama. Ele tocava com precisão e voltava para seu mundo reservado logo depois.

Como éramos menores de idade, tocar em casas de show para maiores de 18 exigia licenças judiciais, que meu pai conseguia com paciência e insistência. Ele e minha mãe estavam presentes em todos os shows, garantindo que tudo corresse bem. Eu tinha até uma carteira de músico, que exibia com um orgulho quase infantil.

Na capital Vitória, tocamos numa festa promovida por uma rádio local, no Ives, uma casa de show numa área mais popular. Saímos de lá cercados por fãs, com seguranças nos escoltando. No show com o Pique Novo, a cena se repetiu: autógrafos, fotos, gritos. O Gigante, nosso vocalista, era o centro das atenções, sempre com uma fã ao lado. Eu, comprometido com minha namorada, me contentava com a adrenalina do palco. As mulheres mais velhas — como Wisley dizia, rindo — "paparicavam" a gente, achando graça na energia dos adolescentes que comandavam a noite.

Meu pai conseguia contatos que pareciam impossíveis, como o do empresário do É o Tchan, que nos levou a tocar na Bahia. O velho estruturou a KiDelírio como uma empresa, com CNPJ, contratos formais, uma operação que, pelo menos no papel, parecia sólida. Mas sua paixão tinha um lado impulsivo, que aos poucos revelou suas sombras. Ele começou a investir além do que podíamos sustentar. Comprou um teclado de 20 mil reais — uma fortuna na época, equivalente a uns 100 mil hoje, talvez —, equipamentos de som caros, coisas que uma banda do interior não precisava. O dinheiro dos shows, que em eventos grandes chegava a 10 mil reais, era dividido entre os músicos, a banda de apoio e os custos de logística.

Não sobrava o suficiente para bancar os gastos crescentes. Minha mãe, com sua sensatez inabalável, começou a perceber o problema. "Bira, as contas não estão fechando", dizia ela, com um tom que misturava preocupação e autoridade. Ela apoiava a banda, mas nunca deixou de ser a voz da razão.

A situação começou a pesar. Meu pai, para manter o sonho vivo, recorria a empréstimos no banco. Eu, menor de idade, sentia o impacto. Sempre fui mais de tomar a frente do que Michel, talvez por ser o caçula, talvez por herdar a inquietação do meu pai. "Pai, a gente precisa organizar isso", eu dizia, tentando trazer alguma ordem. Ele ouvia, mas sua paixão pela banda o cegava. Ele não media o que entrava contra o que saía, e o descontrole financeiro virou uma bola de neve. Talvez, ali, ele enxergasse a liberdade que não possuía num futuro próximo, ou fazia tudo por dedicação e amor mesmo.

Michel, com sua calma característica, percebia o problema, mas deixava as decisões comigo e com meu pai. Wisley e Gigante, por outro lado, viviam para o palco. Eles eram pura energia, sempre prontos para a próxima viagem, o próximo show. William, o mais novo, era mais reservado, mas dava tudo de si no tantã. Edgar, com seu pandeiro e sua mania de poupar, trazia uma estabilidade que faltava ao resto de nós. Juntos, éramos uma família, unida pelo som e pela amizade, mas a pressão financeira começou a abalar o sonho. Minha mãe, que segurava as pontas em casa, tornou-se mais incisiva. "Isso não pode continuar assim", ela dizia, e eu sabia que ela estava certa.

Em 2005, fizemos nosso último show. A decisão de parar veio de uma necessidade coletiva: as dívidas estavam insustentáveis, e eu e Michel precisávamos nos preparar para a faculdade. A KiDelírio chegou ao fim, mas seu impacto permaneceu. Tocamos para mais de 100 mil pessoas, gravamos um CD, viajamos, crescemos juntos. Meu pai, com sua crença inabalável no impossível, nos mostrou que sonhar grande é o primeiro passo para qualquer conquista, mesmo que venha com erros. Minha mãe, com sua firmeza, nos ensinou que paixão sem planejamento é um caminho perigoso. Wisley, Gigante, William, Edgar e Leleco foram mais do que colegas de banda — foram irmãos, cada um trazendo algo único ao nosso som. E Michel, meu irmão e parceiro desde sempre, esteve lá, da percussão à viola, provando que família é quem divide o palco e o peso das escolhas.

Este foi meu primeiro empreendimento, uma lição viva sobre o que significa transformar uma ideia em realidade. Aprendi que empreender é como tocar pagode: exige ritmo, harmonia e a coragem de improvisar quando a nota sai errada. Hoje, quando penso na varanda onde tudo começou, sinto um misto de orgulho e gratidão. Não era só uma banda; era a expressão de quem éramos, um momento em que acreditamos que podíamos fazer São Mateus —

e o mundo — dançar. E, quem sabe, um dia, com os mesmos amigos e os mesmos instrumentos musicais, possamos voltar a tocar esse ritmo.

Capítulo 6

SANGUE NAS VEIAS

A vida é uma tapeçaria tecida pelos laços que formamos e que definem quem somos. Todas essas pessoas mais próximas que tive moldaram minha alma de maneiras que só o tempo me permitiu compreender: minha mãe, com sua força silenciosa e suas lutas internas; meu irmão, meu companheiro de jornada, tão diferente e tão essencial; e minha primeira namorada, cuja presença foi um farol na turbulência da juventude. A morte do meu pai, um marco irreversível, foi o momento em que a vida me arrancou da inocência, obrigando-me a carregar o peso das responsabilidades e a encontrar sentido em meio à dor. Este capítulo é uma homenagem a esses laços, uma reflexão madura sobre como minha família e meu primeiro amor me transformaram, e como a perda me forçou a amadurecer, ensinando-me que crescer é, muitas vezes, aprender a carregar aqueles que amamos, mesmo quando já não estão mais aqui.

Minha mãe, Maria Hermínia, ou simplesmente Mina, sempre foi o pilar discreto da nossa casa em São Mateus, Espírito Santo, e, mais tarde, em Vitória. Dona de casa, ela dedicava seus dias a manter a ordem — a comida quente na mesa, as roupas limpas, as contas em dia. Mas sua força ia além das tarefas cotidianas. Tendo perdido a mãe ainda criança e sofrido com sua ausência, ela carregava cicatrizes emocionais que se manifestavam em episódios de depressão. Esses momentos eram raros na minha adolescência, mas, quando vinham, eu percebia um peso que ela tentava esconder. Minha mãe não era de grandes demonstrações de afeto; seu amor era prático, expresso nos detalhes que sustentavam nossa rotina. Sua dependência emocional do meu pai, Bira, era, no entanto, inegável. Ele era a chama que iluminava nossa casa, e ela, a estrutura que mantinha tudo de pé.

Michel, meu irmão, sempre foi meu contraponto e meu maior aliado. Antes de nos formarmos em Medicina, nossa relação era um balaio de diferenças e cumplicidade. Ele era o pensador, o que refletia antes de agir, enquanto eu era o impulsivo, tomando a frente mesmo sendo o caçula. Nossas brigas, comuns na adolescência, eram rápidas. Apesar disso, éramos inseparáveis. Michel, com seu talento para o futebol e sua mente analítica, complementava minha energia inquieta. Ele escolheu a medicina esportiva como carreira, ajudando atletas a otimizarem seu desempenho, enquanto eu seguia um caminho mais empreendedor, inspirado pelo exemplo do meu pai. Ricardo Bastos, nosso amigo de infância, sempre brinca que eu herdei a ousadia de Bira, enquanto Michel ficou com a calma estratégica.

Essas conversas com Ricardo, que cresceu conosco e viu de perto nossa dinâmica familiar, me ajudam a enxergar como meu irmão e eu fomos moldados por nossos pais, cada um à sua maneira.

Minha primeira namorada foi uma presença definidora na minha juventude. Nosso namoro, que começou aos 15 anos e durou quase uma década, era uma mistura de paixão adolescente e sonhos compartilhados. Ela era minha confidente, alguém que entendia minhas inquietações e me ancorava quando eu me perdia em ideias grandiosas. Filha de médicos, ela trazia uma visão de mundo que me fascinava — um equilíbrio entre ambição e pragmatismo. Durante os anos de namoro, passamos por momentos que testaram nossa conexão, como as competições de futsal no CEPE, onde ela estava na torcida. Ela me apoiava, ria das minhas histórias, e me ajudava a manter o foco, especialmente quando a vida começou a pesar.

Tudo mudou em janeiro de 2006, quando meu pai foi diagnosticado com câncer de nasofaringe. Eu estava no terceiro ano da faculdade de Medicina, com 19 anos, e Michel, no quarto. A notícia rompeu nossa casa como um trovão, destruindo a ilusão de que éramos intocáveis. O câncer era agressivo, e os tratamentos, exaustivos. Acompanhei meu pai em várias idas ao pronto-socorro do Vitória Apart Hospital, onde ele recebia morfina para aliviar as dores. Estudar oncologia enquanto via meu pai lutar contra a doença era uma ironia cruel. Eu me sentia impotente, um estudante de medicina que não podia salvar o homem que mais admirava. Minha mãe, que sempre dependeu dele emocionalmente, começou a desmoronar, e eu via o esforço que ela fazia para se manter firme por nós.

Meu pai, mesmo enfrentando a doença, nunca perdeu sua visão de futuro. Ele era um homem que vivia com uma energia contagiante e uma mente que nunca parava de sonhar. Na Petrobras, chegou ao cargo de responsável por gerenciar operações em plataformas de petróleo. Sua expertise era tão reconhecida que, nos anos 90, ele foi um dos oito especialistas chamados para controlar um *blowout* (pressão descontrolada de um poço de petróleo ou gás provoca a liberação repentina e violenta de fluidos, podendo causar explosões, incêndios ou danos ambientais) em uma plataforma em Campos, um incidente grave onde a pressão descontrolada do poço ameaçava uma explosão. Ele sabia tudo sobre plataformas, desde a perfuração até a segurança, e sua habilidade didática o levou a dar palestras e cursos. Antes de seu diagnóstico, ele estava prestes a transformar sua experiência em algo maior: um curso de "Well Control", um treinamento essencial para profissionais do petróleo, que poderia ter sido pioneiro no Brasil. Meu amigo Ricardo, que também é engenheiro do petróleo, sempre me lembra como meu pai estava a um passo de algo grandioso. Aquele curso, que hoje custa milhares de reais por pessoa, poderia ter mudado nossa realidade financeira. Ele já tinha contratos com empresas e uma escola montada, mas o câncer o levou antes que pudesse colher os frutos. Essa visão empreendedora, de enxergar oportunidades onde outros viam rotina, é algo que herdei dele.

Voltando à minha namorada, ela foi um porto seguro durante esse período. Nosso namoro, então com seis anos, tornou-se um espaço onde eu podia desabafar sem medo de julgamento. Ela me ouvia falar sobre meu pai, sobre suas ideias visionárias, sobre como ele quase revolucionou o mercado de treinamentos no petróleo. Ela me ajudava a processar a dor, a equilibrar a culpa de não poder salvá-lo com a necessidade de seguir em frente.

Meu pai faleceu em 2009, aos 48 anos, pouco antes de realizar seu sonho de lançar o curso. Eu tinha 21, e Michel, 22. Sua morte foi um golpe que reverberou em cada canto da nossa família. Ele, que sempre foi a força motriz, o homem que enfrentava qualquer desafio com um sorriso, agora era uma ausência que ecoava em silêncio.

A morte do meu pai me obrigou a amadurecer de uma vez. Até então, eu era o caçula impulsivo, o jovem que sonhava alto, mas ainda se apoiava na estrutura familiar. Comecei a cuidar melhor das finanças, a planejar nosso futuro com uma clareza que nunca tivera. Minha relação com Michel, que sempre foi de apoio mútuo, se fortaleceu. Ele, com sua calma, e eu, com minha energia, encontramos um equilíbrio para seguir em frente.

Minha mãe, após a morte do meu pai, tornou-se uma prioridade para nós. Resolvemos tudo por ela — contas, burocracias, até viagens. Anos depois, levei-a para uma jornada de seis meses pelo mundo, uma forma de ajudá-la a redescobrir a alegria após enfrentar um câncer de mama. Cuidar dela me ensinou a força do amor incondicional. Sua fragilidade, que outrora me frustrava, agora me inspira. Ela sobreviveu a tantas perdas, e, mesmo no luto, encontrou formas de seguir em frente, nem que fosse por nós.

Quando eu e minha primeira namorada terminamos, aos meus 23 anos, não houve uma grande briga ou um motivo claro. Simplesmente percebemos que nossos sonhos, que outrora pareciam alinhados, agora nos levavam por caminhos distintos. A separação foi dolorosa, um vazio que demorei a preencher. Ela foi meu primeiro amor, e sua ausência me ensinou que, às vezes, deixar ir é tão importante quanto segurar. Mas as memórias dela na torcida, vibrando nos jogos de futsal, ou me ouvindo falar sobre os planos do meu pai, ainda têm um lugar especial no meu coração.

A morte do meu pai e o fim do meu namoro marcaram de vez a extinção da minha juventude. Eu já não era o jovem impulsivo que sonhava com um futuro idealizado. A vida me obrigara a confrontar a realidade: a responsabilidade de cuidar da minha mãe, de apoiar meu irmão, de encontrar meu lugar no mundo. Minha mãe, hoje, depende de mim e de Michel para quase tudo, uma inversão de papéis que reflete o quanto crescemos. Michel, com sua carreira na medicina esportiva e sua vida familiar, continua sendo meu parceiro, meu contraponto, meu irmão. E eu, com minha empresa e meus projetos, carrego a chama visionária do meu pai, que quase transformou o mercado do petróleo e me ensinou que a vida é sobre sonhar grande, mesmo quando o tempo é curto.

Olhando para trás, vejo que minha família e meu primeiro amor foram os alicerces que me sustentaram e os desafios que me forçaram a amadurecer. Minha mãe me ensinou a encontrar força na fragilidade; meu irmão, a importância da cumplicidade; e minha namorada, a beleza e a dor de amar. Por fim, a morte do meu pai foi o momento em que a vida me disse: "Agora é com você". Ele me deixou não só memórias, mas uma lição: ser visionário é arriscar, mesmo sabendo que o sucesso pode escapar por pouco. E, com essa responsabilidade, aprendi que crescer não é apenas enfrentar o mundo, mas carregar aqueles que amamos, mesmo quando eles já não estão mais aqui.

Capítulo 7

QUEBRANDO A PRIMEIRA FRONTEIRA

Quando meu pai faleceu, nossa família enfrentou não apenas um vazio emocional, mas também financeiro. Ele trabalhava na Petrobras, e a burocracia após sua morte nos deixou meses sem sua renda, sem reservas para nos sustentar. Minha namorada e sua mãe me acolheram como parte da família. A mãe dela, com uma generosidade que ainda me emociona, pagou meses da minha faculdade, me tratou como filho. Quando recebemos o seguro de meu pai, devolvi cada centavo, mas aquele gesto marcou minha vida.

Meu irmão e eu assumimos as rédeas da casa, vendendo o carro, vivendo uns três anos sem comprar roupas, contando com a ajuda de amigos que me davam peças ou me convidavam para refeições. Um amigo, em particular, de uma família acolhedora, me chamava para sua casa, onde assistíamos jogos do Flamengo, uma tradição que lembrava meu pai. Minha namorada esteve ao meu lado, apoiando-me emocionalmente, mas, perto do fim da faculdade, em 2012, percebi que éramos mais família do que amantes. Eu queria explorar o mundo, viver experiências que nunca tivera.

Terminamos com respeito, e a maturidade dela ao dizer que seu apoio não exigia gratidão me libertou para buscar algo novo.

Essa busca por novidade ganhou vida em outubro daquele ano, quando um telefonema mudou tudo. Eu estava no consultório onde atendia como médico. O telefone tocou entre uma consulta e outra, e do outro lado da linha estava um amigo, daqueles que sabem quando você precisa de um empurrão, com uma proposta: uma viagem para Santiago, no Chile. Aquilo me pegou desprevenido. Minha vida até então havia sido ancorada em Vitória, com viagens nacionais esporádicas, mas nunca um salto para além das fronteiras. Senti um misto de excitação e receio. O desconhecido me atraía, mas também me intimidava. Ainda assim, a ideia de ampliar minha visão de mundo, aproveitar uma oferta irresistível e compartilhar a experiência com um grande amigo foi suficiente para me convencer. Respondi positivamente, sem saber que aquela decisão seria apenas o início de uma nova vida.

Nas semanas seguintes, outro amigo se juntou ao plano, e formamos um trio. Era minha primeira viagem internacional, e cada detalhe parecia carregado de novidade. O check-in no aeroporto, a espera no portão de embarque, o momento em que entrei na aeronave — tudo era uma descoberta. Durante o voo, sobrevoamos a Cordilheira dos Andes, com suas montanhas cobertas de neve brilhando sob o sol. A visão era tão majestosa que, por um instante, esqueci meu nervosismo pelo voo. Pousamos em Santiago à noite, no Aeroporto Arturo Merino Benítez, cuja imensidão me impressionou. No Free shop, compramos algumas bebidinhas, rindo da nossa empolgação de estreantes. Pegamos um táxi rumo ao centro, onde nos hospedaríamos em Bellavista, um bairro vibrante que misturava casas residenciais, bares e restaurantes.

Tentar falar espanhol foi uma grande aventura. Embora parecido com o português, meu vocabulário limitado e a falta de prática tornavam cada frase um desafio. *"¿Dónde está el hotel?"*, arrisquei, com sotaque hesitante, enquanto o taxista sorria pacientemente. Bellavista nos recebeu com sua energia contagiante. O Pátio Bellavista, com seus restaurantes de comida chilena, e as ruas Constitución e Pio Nono, repletas de vida noturna, logo se tornaram nossos pontos favoritos. Subimos ao Parque Metropolitano de Santiago, onde a vista da cidade, cercada pela Cordilheira, era de tirar o fôlego. Um ano antes, em uma viagem pelo Nordeste brasileiro, eu havia conhecido uma chilena que se tornou amiga. Ela foi nossa guia, levando-nos a lugares fora do circuito turístico, como pequenos restaurantes onde provamos empanadas autênticas e mercados onde o cotidiano de Santiago pulsava.

Passamos dez dias explorando a cidade. Andamos de metrô, visitamos museus, passeamos por parques e palácios governamentais, fizemos compras em shoppings e jantamos no Restaurante Giratório, com sua vista panorâmica de 360 graus da cidade e das montanhas. As noites eram animadas, com bares e restaurantes que nos apresentaram à cultura chilena. Cada momento parecia ampliar o mundo que eu conhecia. Quando retornei ao Brasil, em novembro de 2012, algo havia mudado. Santiago não foi apenas uma pausa na rotina; foi a primeira vez que senti a liberdade de ser mais do que um médico, mais do que as responsabilidades que carregava. As viagens, percebi, eram minha porta para uma vida maior.

Dois meses depois, em dezembro de 2012, embarquei em uma nova aventura, desta vez no Brasil: o Réveillon em Caraíva, uma vila pitoresca no litoral sul da Bahia. Caraíva era um lugar onde o tempo parecia suspenso, com ruas de areia fofa, sem carros e com energia elétrica limitada. Fui com um grupo de onze amigos, uma mistura de companheiros de infância, uma grande amiga da universidade e novas conexões que surgiram ali. Acampamos em uma área com cerca de 100 barracas, compartilhando dois banheiros — uma logística desafiadora que rendeu risadas inesquecíveis. As manhãs eram dedicadas às praias e aos esportes, com banhos refrescantes no Rio Caraíva. As noites eram pura animação, com música e conversas que duravam até o amanhecer.

Durante esses dias, conheci uma garota de Florianópolis, e juntos mergulhamos na magia da vila. Era minha primeira grande experiência romântica depois da minha namorada. Vivemos aqueles dez dias com a intensidade de quem descobre uma ilha isolada, compartilhando risadas, banhos de mar e a brisa única da virada do ano, celebrada à beira-mar, com os pés na areia. A simples Caraíva me mostrou que a liberdade não dependia de cruzar fronteiras; ela podia estar na simplicidade de um lugar que convidava à presença plena. A vila, com suas praias paradisíacas e atmosfera tranquila, foi um lembrete de que viajar é também uma jornada interior, uma chance de se reconectar com o que realmente importa.

Em janeiro de 2013, após dias de trabalho intenso em Vitória, consegui uma folga e decidi visitar a garota de Florianópolis. O desejo de conhecê-la melhor se misturava à curiosidade por um lugar que eu nunca havia explorado. Florianópolis, no auge do verão, é vibrante, conhecida por suas praias, lagoas e vida noturna. Desembarquei na ilha com a expectativa de descobrir algo novo, e a cidade não decepcionou. Passei dias explorando a Lagoa da Conceição, onde cafés à tarde criavam momentos de calma; a Praia da Joaquina, onde pratiquei sandboard nas dunas; e as praias de Jurerê e Daniela, com suas águas cristalinas. A noite em Florianópolis era igualmente cativante, com bares e restaurantes que pulsavam energia.

Nosso relacionamento durou seis meses, período em que fiz outras visitas, cada uma revelando novos tesouros: o Beto Carrero World, o maior parque temático do Brasil; Balneário Camboriú, com seus arranha-céus e praias movimentadas; a Praia do Rosa, com sua gastronomia excepcional; e as praias da Ferrugem e da

Guarda do Embaú, verdadeiros paraísos. Florianópolis, carinhosamente chamada de "Ilha da Magia", me apresentou aos "manezinhos", como são conhecidos os nativos, e a uma cultura que celebrava a conexão com o mar e a simplicidade. Cada viagem à cidade reforçava minha paixão por viajar, por descobrir lugares que me faziam sentir mais vivo, mais livre.

Em maio de 2013, planejei encontrar novamente essa garota de Florianópolis e, juntos, viajarmos para Buenos Aires, minha segunda aventura internacional. A viagem começou com um imprevisto: ao sair de Vitória, percebi que havia esquecido os documentos necessários, perdendo o voo para Florianópolis. Em vez de me frustrar, encarei o contratempo com otimismo, acreditando que o destino reservava algo melhor. Retornei, peguei os documentos e, finalmente, embarquei em outro voo. Em Florianópolis, seguimos para a capital argentina.

Buenos Aires me encantou imediatamente. A cidade, com sua arquitetura europeia e energia vibrante, desafia a rivalidade futebolística entre Brasil e Argentina. Era o lugar perfeito para uma viagem romântica. Passeamos pela Calle Florida, com suas lojas e artistas de rua; exploramos Puerto Madero, com suas pontes modernas e restaurantes à beira do rio; e jantamos em Palermo, onde a vida noturna pulsava. Um café na Recoleta, cercado por árvores e história, foi um dos momentos mais memoráveis. A experiência foi tão marcante que, meses depois, quando meu primo me convidou para retornar à cidade, não hesitei.

Aconteceu em agosto de 2013, após semanas de trabalho intenso nos hospitais. Embarquei novamente para Buenos Aires, desta vez com este meu primo e um amigo dele. Optamos por um hostel conhecido pela atmosfera festiva, compartilhando um quarto com oito camas e pessoas de cinco nacionalidades. Era minha primeira experiência em um hostel, e a diversidade cultural me fascinou. Apesar da barreira linguística — meu inglês era básico, e meu espanhol, limitado —, fiz amigos rapidamente, incluindo um alemão com um passaporte repleto de carimbos e uma austríaca com quem vivi momentos especiais. Nos comunicávamos por gestos, expressões e frases simples em espanhol, e, com coragem, usei uma frase em inglês que havia aprendido para pedir um beijo, criando um instante que ficou na memória. Exploramos Palermo, Caminito, Recoleta, Calle Florida e Puerto Madero, em três dias de risadas. Despedimo-nos com promessas de nos reencontrarmos, e ela se ofereceu para me ajudar com inglês pelo Skype. E essa conexão só reforçava ainda mais o meu desejo de morar fora.

Capítulo 8

AMADURECIMENTO NECESSÁRIO

O empreendedorismo, para mim, não foi um chamado imediato, mas um caminho que se revelou aos poucos, como uma trilha escondida que só se percebe ao dar o primeiro passo. Embora minha adolescência tenha sido marcada por iniciativas que tinham um quê de espírito empreendedor — como a banda de pagode que fundei aos 13 anos —, foi apenas após me formar em medicina, já na casa dos 20 e poucos anos, que comecei a enxergar o empreendedorismo como uma possibilidade real. Não era apenas sobre ganhar dinheiro ou diversificar caminhos; era sobre encontrar liberdade, desafiar o status quo e construir algo que refletisse minha visão de mundo.

A medicina, com sua nobreza e exigências, era gratificante, mas também limitante. Os plantões exaustivos, os salários atrasados e a burocracia do sistema de saúde brasileiro me faziam questionar se depender exclusivamente dessa profissão era o que eu queria para a vida. Foi nesse contexto que o empreendedorismo começou a surgir, não como um plano claro, mas como uma semente plantada por circunstâncias e pela vontade de buscar algo mais. A primeira oportunidade veio através de um amigo, também em 2013. Ele havia pesquisado o mercado e decidido investir em uma franquia de uma escola de inglês, um setor que, segundo ele, estava em crescimento constante. "Educação sempre vai ter demanda", dizia, com a convicção de quem havia estudado cada detalhe. A ideia me atraiu não apenas pelo potencial financeiro, mas pela possibilidade de criar algo fora da medicina, uma alternativa que me desse autonomia.

Na época, eu não tinha o capital necessário para entrar no negócio. Meu irmão, Michel, que já estava mais estabelecido financeiramente, me emprestou parte do dinheiro, e eu completei com o que havia guardado dos meus primeiros plantões. Assim, em 2013, aos 26 anos, tornei-me sócio da franquia. Michel embarcou nessa comigo. A escola de inglês prometia ser um empreendimento promissor: o mercado de ensino de idiomas no Brasil estava aquecido, impulsionado pela globalização e pela Copa do Mundo de 2014, que se aproximava. Como sócios, nossa ideia era clara: diversificar nossas fontes de renda e construir algo que não dependesse exclusivamente da medicina. No entanto, o que parecia um plano sólido revelou-se uma lição dura sobre as complexidades de empreender.

Nos primeiros meses, a escola exigiu mais dedicação do que havíamos previsto. Meu amigo assumiu a liderança operacional, enquanto eu e Michel, ainda imersos em nossas carreiras médicas, tínhamos um papel mais passivo. Isso significava que nossa atenção ao negócio era limitada, um erro que só percebemos mais tarde. A franqueadora, que no início parecia um parceiro confiável, impunha metas rígidas: tínhamos que adquirir materiais didáticos em quantidades específicas, independentemente da demanda real dos alunos. "Vocês precisam investir para crescer", diziam, mas o que chamavam de investimento muitas vezes resultava em estoque acumulado, ocupando espaço e drenando nosso caixa. O custo mensal da operação — aluguel, salários, taxas da franquia — era alto, e as vendas, embora constantes, não acompanhavam o ritmo necessário para gerar lucro. Após um ano e meio, estávamos empatando, sem perspectivas claras de crescimento.

Apesar das dificuldades financeiras, a experiência trouxe benefícios inesperados. Como sócio, eu tinha direito a aulas de inglês na escola, e comecei a frequentá-las com regularidade. O que começou como uma conveniência se transformou em uma paixão. Aprender inglês reacendeu um sonho antigo, cultivado desde a adolescência: morar fora do país, explorar o mundo, viver experiências que me tirassem da zona de conforto. Cada aula era um passo em direção a essa possibilidade, e, aos poucos, comecei a enxergar a escola não apenas como um negócio, mas como uma ponte para algo maior. Foi nesse período que decidi que era hora de dar um salto. Juntei o dinheiro que ganhava com a medicina e planejei minha primeira grande viagem internacional: quatro meses em San Diego, Califórnia, para estudar inglês intensivamente.

A decisão de vender a franquia veio logo antes da viagem. A experiência com a escola de inglês não foi um sucesso financeiro — perdemos uma pequena parte do investimento inicial —, mas a negociação com a franqueadora nos permitiu sair sem dívidas significativas. Eles recompraram a nossa unidade, e, embora o retorno tenha sido apenas suficiente para cobrir o que havíamos investido, o aprendizado foi inestimável. Descobri, na prática, que franquias, embora vendidas como modelos "prontos", vêm com amarras. As metas impostas, muitas vezes desconexas da realidade local, transformam o que parece uma parceria em uma relação desigual. Essa experiência me ensinou a importância de alinhar expectativas, entender contratos e, acima de tudo, estar presente no negócio.

Já com o estudo do inglês em mente, com um visto de turista que permitia estudar por até 12 semanas, organizei tudo: matrícula em uma escola de idiomas, hospedagem em uma casa de família para o primeiro mês e um plano para mergulhar na cultura americana.

O voo de São Paulo a San Diego, com conexão em Dallas, foi minha primeira experiência mais longa em um avião. E logo com uma ocorrência: durante o trajeto, uma passageira desmaiou no corredor, caindo diante de mim enquanto eu voltava do banheiro. Como médico, agi instintivamente: ajeitei-a no chão, verifiquei seu pulso, posicionei seu pescoço e confirmei que ela estava consciente. A tripulação trouxe equipamentos, e, após alguns minutos, ela se recuperou. O incidente, embora breve, reforçou minha responsabilidade como médico, mesmo fora do consultório, e me lembrou que minha formação era uma parte essencial de quem eu era, mesmo em busca de novas experiências.

Em Dallas, enfrentei um desafio na imigração. Por causa do meu visto de turista e da intenção de estudar, fui levado a uma sala de interrogatório. Com a ajuda de um intérprete, expliquei meu plano de estudar por 12 semanas, conforme permitido. Após momentos de tensão, fui liberado. Cheguei a San Diego à noite, hospedando-me inicialmente em um hostel, onde dividi um quarto com pessoas de diferentes países. Nos primeiros dias, explorei a cidade de bicicleta, visitei parques e fiz amizade com brasileiros que também estudavam inglês. Juntos, viajamos a Los Angeles, onde conheci a Calçada da Fama, Beverly Hills e os estúdios da Universal, e desfrutamos das praias de San Diego.

Na segunda semana, mudei-me para a casa de uma família anfitriã. Cheguei tarde, sem telefone ou internet, e enfrentei dificuldades para localizar a residência. Um senhor gentil me ajudou, e a família me recebeu com calor. Apesar do meu inglês limitado, criamos uma conexão genuína, compartilhando jantares e histórias. Iniciei as aulas na escola de idiomas no nível elementar, dedicando-me intensamente. Em pouco tempo, progredi para níveis mais avançados, fazendo amigos de várias nacionalidades, incluindo um colega árabe com quem mais tarde dividi moradia. Nossa convivência foi uma troca cultural rica, com conversas que ampliaram minha visão de mundo.

Participei de atividades extracurriculares que tornaram a experiência ainda mais memorável. Viajei a Las Vegas com um amigo de infância que veio do Brasil, explorando a Strip e seus hotéis temáticos. Organizei uma viagem de motorhome pela costa da Califórnia até o Parque Nacional de Yosemite, com oito amigos, incluindo brasileiros e meu colega árabe. As paisagens, fogueiras e noites estreladas foram momentos de pura conexão. Outra aventura foi o Havaí, onde passei dez dias em Oahu, mergulhando em praias paradisíacas e na cultura local. Cada experiência reforçava minha certeza: viajar era minha liberdade, minha forma de crescer, de me reinventar.

Em dezembro de 2013, com o Natal se aproximando, preparei-me para retornar ao Brasil. Sentia saudades da família, mas também uma gratidão imensa pela jornada em San Diego. Meu inglês havia melhorado significativamente, mas o maior ganho foi interno: uma confiança nova, uma visão de mundo mais ampla, uma certeza de que a liberdade estava no movimento.

Era o início de uma nova fase. O aprendizado da língua inglesa significava mais um passo que estava sendo dado para o meu plano de liberdade.

Capítulo 9

TRAVESSIAS

O ano de 2014 foi uma reunião constante de voos, estradas e conexões humanas que deram vida a cada destino. As viagens, iniciadas em 2012 como uma busca por liberdade, haviam se tornado parte de quem eu era, uma forma de explorar além da rotina médica em Vitória, Espírito Santo. Os relacionamentos — românticos, amistosos, familiares — se entrelaçavam com essas jornadas, impulsionando-me a novos lugares e moldando a maneira como os vivia. De Itacaré a Amsterdã, de Bali a Las Vegas, cada lugar que pisei carregava a presença de uma parceira. As conexões do passado — a namorada de dez anos, que me ensinou sobre apoio, e a garota de Florianópolis, que abriu minha mente — continuavam a ecoar, guiando-me por um ano de descobertas e crescimento.

Após retornar ao Brasil, celebrei o Natal com a família e planejei uma viagem de Ano Novo para Itacaré, na Bahia, com meu irmão, sua esposa e dois casais de amigos, totalizando sete pessoas, onde passamos uma semana explorando praias deslumbrantes como Itacarezinho e Jeribucaçu, praticando esportes aquáticos, caminhando por trilhas e admirando pores do sol únicos, enquanto à noite a vibrante Rua Pituba nos acolhia com sua gastronomia e cultura baiana; foi lá que conheci uma carioca, com quem formei uma conexão imediata que marcou nossa estadia, fortalecida por uma visita posterior à sua cidade, culminando em uma festa de Réveillon inesquecível em um hotel à beira da piscina, com música ao vivo e uma energia contagiante que renovou nossas esperanças para 2014, antes de retornarmos a Vitória com memórias que continuam a inspirar.

Após os quatro meses morando em San Diego, minha cabeça já planejava a próxima aventura no exterior. Em abril de 2014, embarquei para a Europa, minha primeira vez no continente, visitando Áustria, Eslováquia, República Tcheca, Itália e Holanda. Fui com um amigo, mas nossos voos eram separados, e nos encontramos em Viena, onde reencontrei a austríaca conhecida em Buenos Aires em 2013. Ela me hospedou em seu apartamento com vista para um rio tranquilo. Na primeira noite, organizou uma reunião com colegas universitários, e as conversas em diferentes idiomas abriram um mundo novo. Exploramos o Palácio de Schönbrunn, Hofburg e o parque de Kursalon, onde fizemos um piquenique. A cidade, com sua arquitetura histórica, parecia incrível, mas era a companhia dela que tornava tudo especial. Viajamos para a casa de seus pais, nos Alpes Austríacos, onde fui recebido com hospitalidade. Tentei snowboard, minha primeira vez, e uma queda lesionou meu joelho. Não foi grave, mas o inchaço e a dor me acompanharam. Ela, com paciência, ajudou-me a lidar com o desconforto, fortalecendo nossa conexão. Despedimo-nos com a sensação de algo inacabado, mas o reencontro, planejado desde muito, valeu cada quilômetro.

De Viena, eu e meu amigo seguimos para Bratislava, na Eslováquia, passando uma noite no centro histórico, absorvendo seu charme simples. Em Praga, na República Tcheca, ficamos em um albergue e conhecemos duas locais que nos guiaram pelo Castelo de Praga, Praça da Cidade Velha, Relógio Astronômico e Ponte Carlos. A beleza de Praga era hipnotizante, mas as interações com outros viajantes davam vida à experiência. Somente na cidade busquei atendimento médico para meu joelho, diagnosticado com um estiramento de ligamento, coberto pelo seguro-viagem. Em Roma, Itália, chegamos pelo Aeroporto de Fiumicino, explorando o Coliseu, Fontana di Trevi e o Vaticano. Saboreamos gelatos, massas e a vida noturna vibrante, conectando-nos com turistas em bares e praças. Amsterdã, na Holanda, foi a última parada. Um contratempo no check-in em Roma quase me fez perder o voo, mas os canais, bicicletas e a cultura liberal dos coffee shops e *red light districts* encantaram. Andar de bicicleta, trocando histórias com meu amigo, foi um momento de liberdade pura. A Europa foi uma aula de resiliência, com a austríaca como âncora emocional no início.

Em junho de 2014, revisitei os Estados Unidos,

viajando para Los Angeles, San Diego e Las Vegas com um amigo de infância. Em Los Angeles, alugamos um carro no aeroporto e exploramos a Calçada da Fama, Dolby Theatre, Beverly Hills e Six Flags Magic Mountain, com suas montanhas-russas eletrizantes. Em San Diego, hospedado na casa de um amigo brasileiro, assistimos a jogos da Copa do Mundo em bares animados e revisitamos Balboa Park e Pacific Beach. Em Las Vegas, conheci uma suíça em um bar, uma conexão leve que resultou em amizade virtual no Instagram. A viagem, mais sobre amizade, mostrou como encontros casuais davam cor às jornadas.

Em novembro de 2014, embarquei para a Austrália, começando pela Gold Coast, onde me reencontrei com um amigo de longa data. Após um voo com conexão em Abu Dhabi, cheguei exausto, mas o reencontro me revitalizou. Hospedado em uma república, participei de churrascos ao estilo brasileiro, tocando pandeiro enquanto ele tocava cavaquinho. Visitamos Byron Bay e Noosa Heads, praias de cartão-postal. A Austrália plantou a semente de morar lá, mas as conexões humanas — churrascos, risadas — tornaram os dias memoráveis.

Seguimos para Phuket, na Tailândia, explorando praias com scooters; Koh Phi Phi, onde formamos um grupo com portugueses e francesas para mergulhos, festas e mirantes; Koh Phangan, com bangalôs e serenidade; e Bangkok, com a vibrante Khao San Road, templos e iguarias locais. Na Indonésia, começamos por Bali, em Kuta, seguindo para Uluwatu e Ubud, onde holandesas nos apresentaram a plantações de arroz e spas. Não houve romances, mas as conexões com viajantes ecoavam a energia que me movia.

Em resumo, cada viagem neste ano foi entrelaçada por relacionamentos. A carioca em Itacaré trouxe renovação, a austríaca na Europa ofereceu continuidade, a suíça em Las Vegas lembrou que até encontros casuais têm valor. As conexões do passado guiaram-me, mostrando que o coração, como a estrada, está sempre em movimento.

Capítulo 10

A CADA MILHA...

No final de 2014, logo depois do Natal, embarquei em mais uma aventura pela Bahia, um estado que sempre me fascinou por sua energia vibrante, praias acolhedoras e cultura viva. Desta vez, acompanhado por três primos, vivi momentos intensos e descontraídos que marcaram meu réveillon em Itacaré. Após a festa, segui para minha cidade natal, São Mateus, onde revivi memórias da infância, reencontrando familiares e amigos de longa data, entrando em 2015 com gratidão e esperança.

Enquanto isso, mantinha contato com uma jovem dentista suíça que conheci nos Estados Unidos. Através de mensagens e conversas frequentes, construímos uma conexão que, apesar da distância, parecia forte. E seria, como você lerá a seguir. Ela adorava viajar e se mostrava encantada com meu estilo de vida que unia medicina e aventura. Em fevereiro, durante o Carnaval em Salvador, escolhi um camarote que reunia brasileiros e estrangeiros. Logo depois, ela veio ao Brasil e pediu para passar uma semana em minha casa em Vitória. Sem grandes expectativas, aceitei o pedido. Mas, no primeiro dia, algo especial aconteceu entre nós, uma conexão espontânea. Nos aproximamos.

Poucos dias após sua partida, duas francesas, incluindo uma com quem tive um breve envolvimento na Tailândia, chegaram para ficar seis semanas em minha casa. Fui honesto com a francesa sobre não buscar nada sério. Embora a convivência tenha sido tranquila, minha mente estava com a suíça. Conversávamos diariamente, e assim que as francesas partiram, viajei para encontrá-la. Ainda em fevereiro, levei todas elas para Fernando de Noronha. Dez dias de paisagens exuberantes, mergulhos, jantares e conversas que fortaleceram os vínculos e ampliaram meu repertório cultural.

Em abril de 2015, viajei com minha família pela Europa, incluindo um reencontro com a suíça em Roma. Seguimos para Florença, Zurique, Munique e Barcelona. Cidades marcantes, paisagens urbanas cheias de história e programas familiares que reforçaram os laços. Em junho, a surpreendi no seu aniversário em Saint Gallen. Dias depois, fizemos caminhadas nas montanhas, passeios por vilarejos, visitas a cafés e convívio com sua família, que me acolheu com carinho, mesmo com a barreira do idioma. Nosso relacionamento, não oficializado, era intenso e sustentado por encontros constantes.

Durante o segundo semestre, voltamos a viajar. Participamos do Festival de Forró de Itaúnas, visitamos o sul da Bahia, incluindo Caraíva, Trancoso e Arraial d'Ajuda. Em setembro, retornei à Europa para meu aniversário. Fui surpreendido com uma festa organizada por ela e exploramos regiões da Suíça, Alemanha e Áustria. A cada reencontro, os sentimentos se fortaleciam. Na virada do ano, fizemos uma viagem especial pelo litoral brasileiro, culminando em Caraíva, um lugar mágico onde os dias passavam em ritmo lento e o tempo parecia suspenso.

No início de 2016, o Carnaval me levou a Recife e Olinda com meus primos. Vivemos a folia entre bonecos gigantes, frevo e maracatus, equilibrando festa e descanso nas praias de Carneiros e Porto de Galinhas. Logo após, viajei com minha mãe para Miami, onde reencontrei a suíça. Visitamos praias, andamos de bicicleta, exploramos Lincoln Road. Estávamos prestes a realizar meu sonho de conhecer a Disney quando recebi a notícia do sequestro e morte de uma prima no Brasil. A tragédia abalou nossos planos. O luto chegou de forma inesperada, obrigando-nos a retornar e repensar o significado de tudo. O sonho da infância deu lugar à urgência da família. A dor da perda tornou-se mais uma lembrança cravada em meu percurso.

Nos meses seguintes, embarquei com amigos para a Austrália e Indonésia. Entre surf, trabalhos temporários e explorações culturais, buscava um novo equilíbrio. Retornei à Austrália com visto de estudante e passei a trabalhar em clínicas, montagens e serviços gerais. Fui também à Nova Zelândia com um primo, vivendo dias intensos em paisagens deslumbrantes. No entanto, em novembro de 2016, recebi a notícia que mudaria tudo:

minha mãe havia sido diagnosticada com câncer de mama.

O impacto da notícia foi profundo. Como médico, achei que teria as ferramentas para lidar com aquilo, mas me vi impotente. Nenhum conhecimento técnico me preparou para ver minha mãe, o alicerce da nossa família, vulnerável. A mulher que enfrentou a morte do meu pai e nos sustentou com silêncio e coragem agora precisava de apoio. A contradição era latente: eu, que buscava liberdade ao redor do mundo, queria estar ao lado dela, onde quer que fosse. Suspendi meus planos, voltei ao Brasil e decidi acompanhá-la em tudo: consultas, exames, tratamentos. Cada resultado trazia um aperto no peito, mas também uma oportunidade de retribuir o amor silencioso que ela sempre me ofereceu. Seu processo de recuperação foi lento, mas pleno. Quando o início de 2017 chegou, trazia com ele uma luz que renascia.

Foi também nesse período que nos preparamos para o casamento do meu irmão. Em meio ao alívio da recuperação da minha mãe, a família ganhou um motivo de celebração. O casamento aconteceria em Santa Teresa, uma cidade montanhosa no Espírito Santo, e a expectativa envolvia todos nós. O evento se transformou em um símbolo de continuidade, de esperança. Como padrinho, me senti honrado. A presença da suíça, que veio ao Brasil para a ocasião, adicionava ainda mais significado ao momento. Meu grande amigo alemão, também presente, completava o cenário.

Pouco antes do casamento, enquanto estava em Londres, sentei-me em um parque ao entardecer e escrevi uma carta para meu irmão. Escrevi no celular, deixando as palavras fluírem, com sinceridade. Era uma mensagem de apoio, amor fraterno e promessas de presença, não importa onde estivéssemos. No dia do casamento, passei tudo para o papel e o entreguei antes que ele entrasse na igreja. Ver seus olhos marejados, segurando aquelas palavras, foi um dos momentos mais tocantes da minha vida. Era mais do que um gesto: era a confirmação de um laço inquebrável.

Com minha mãe recuperada e o coração em paz, decidimos viajar juntos. Uma jornada de seis meses pela Ásia e Oceania, acompanhados por um primo. Começamos por Singapura, com sua modernidade imponente e sabores exóticos. Seguimos para Bali, onde os dias desaceleraram, e a natureza nos envolveu. Fomos para Kuala Lumpur, exploramos mercados e templos, depois voltamos à Indonésia para momentos de descanso.

Foram meses de partilha, de risos, silêncios e memórias. Foi um tempo de redenção. A vida, que tantas vezes parece frágil, nos mostrou que também pode ser generosa. Viajar com minha mãe após tudo que vivemos foi mais que uma experiência cultural: foi uma celebração da vida. Os desafios que enfrentamos, o luto, a distância, as escolhas distintas entre mim e meu irmão, tudo fazia sentido sob a luz do amor que compartilhávamos.

No retorno ao Brasil, levava na bagagem não apenas fotos e lembranças, mas a certeza de que liberdade e afeto não são opostos. Aprendi a estar presente mesmo quando distante, e a valorizar cada reencontro como uma chance de recomeçar. A vida seguia, com seus ciclos, e eu seguia com ela, um passo de cada vez, dançando entre o desejo de explorar e a necessidade de permanecer ligado aos que amo.

Capítulo 11

MUDAR A TODO INSTANTE

Hoje noto que minha vida sempre foi uma sequência de viagens e deslocamentos, tão frequentes que, por ironia do destino, acabei tendo uma empresa de mudanças... na Austrália. Cada mudança, seja de país, carreira ou perspectiva, exigiu coragem, a ponte que conecta a insatisfação à realização. Esse processo foi transformador, uma jornada que começou com uma ligação inesperada na Indonésia e me levou a aprender, na prática, que mudar é um ato de ousadia, resiliência e autodescoberta. Depois, a experiência na Austrália, com seus desafios e conquistas, foi espelho das lições universais que a mudança traz: o medo inicial, a adaptação, o crescimento e, por fim, a coragem de deixar ir para seguir em frente.

No final de 2017, um gestor hospitalar anunciou uma redução no valor dos plantões, e, enquanto meus colegas aceitavam por necessidade, eu me recusei. Não era apenas sobre o dinheiro; era sobre recuperar o poder de escolha. "Agora é o momento", pensei. Com economias guardadas e uma determinação feroz, decidi que era hora de mudar novamente. Meu destino era a Austrália, um país que prometia estilo de vida, oportunidades e a chance de aprimorar meu inglês. Sem herança ou reservas robustas, sabia que precisaria trabalhar lá ao chegar. O que não imaginava era que essa mudança me levaria a um empreendimento que redefiniria minha visão de mundo.

Mas antes de chegar ao negócio de mudanças, enfrentei um começo bem mais duro, onde a realidade da Austrália testou minha resiliência de formas que eu nunca poderia prever. Diferentemente da viagem aos Estados Unidos, que foi focada em aprendizado, a Austrália representou um mergulho mais profundo no desconhecido. Cheguei a Gold Coast com 29 anos, determinado a validar meu diploma médico e, quem sabe, construir uma carreira lá. Fui recebido pelo Elias Kid, meu amigo lá de São Mateus, da banda de pagode. Ele morava na Austrália há alguns anos e me ajudou a dar os primeiros passos, oferecendo apoio e até me conectando com contatos no setor de petróleo, embora eu estivesse focado na medicina. Sua presença foi um lembrete de como os laços da infância podem reaparecer em momentos cruciais, ligando o menino que eu fui ao homem que estava me tornando. Mas a vida, como sempre, tinha outros planos. Enquanto estudava para a prova de validação, precisei de dinheiro rápido, e o mercado australiano, apesar de suas oportunidades, era implacável para recém-chegados.

Meus primeiros empregos na Austrália foram um choque. Eu, um médico formado, me vi trabalhando em uma fazenda na Gold Coast, catando frutas e limpando mato em condições extenuantes. A Austrália é conhecida por suas cobras venenosas, e cada dia no campo era uma mistura de trabalho braçal e tensão, sabendo que um descuido poderia ser perigoso. Pior ainda, o trabalho era explorador — tínhamos que pagar para estar lá, uma prática comum para quem precisava cumprir requisitos de visto. Depois, passei algumas semanas em um galpão de reciclagem em Brisbane, a uma hora da Gold Coast, onde o trajeto matinal às 5 da manhã era só o começo do desafio. Lá, eu e outros amigos, incluindo Gustavo, outro companheiro de São Mateus que também estava na Austrália, cortávamos cabos elétricos e fios de cobre com motosserras e esmerilhadeiras, separando metais para reciclagem. O ambiente era sufocante, com pó metálico no ar que irritava os pulmões, e o chefe, um homem de origem africana com mentalidade autoritária, tratava-nos com desdém, como se fôssemos descartáveis.

Eu me lembro de um dia, exausto, limpando o suor do rosto com uma máscara improvisada, quando ele gritou para eu não parar. Foi humilhante, mas pagava bem, e, na época, eu precisava do dinheiro. Quando meu amigo Ricardo Bastos chegou algumas semanas depois — seu visto demorou 61 dias, enquanto o meu saiu em poucos —, ele ficou horrorizado. "Vocês são malucos, isso é trabalho escravo!", ele disse, e quase confrontou o chefe. Aquela experiência, embora brutal, me ensinou a valorizar cada oportunidade e a nunca subestimar o peso do trabalho manual.

Após esses meses iniciais, estava viajando pela Indonésia quando recebi uma ligação do Ricardo. Ele já morava na Gold Coast e propôs que nos tornássemos sócios em uma empresa de mudanças e entregas. A ideia me pegou desprevenido. Eu não tinha experiência no setor, e a logística de começar um negócio do zero em um país estrangeiro parecia intimidadora. Hesitei por alguns dias, pesando os riscos. Mas o desafio, como sempre, me instigou. O medo estava lá, mas decidi enfrentá-lo, lembrando-me das lições de resiliência que aprendi na fazenda e no galpão. Voltei à Austrália, desembarquei na Gold Coast e, em uma semana, estávamos estruturando os primeiros passos do negócio.

Nosso primeiro desafio foi adquirir um caminhão. Encontramos um em Melbourne, a quase 2.000 km de distância. Sem hesitar, pegamos um avião e fomos buscá-lo. A compra foi rápida, mas veio com uma surpresa: o vendedor nos ofereceu um serviço de mudança para entregar no caminho de volta. Aceitamos na hora, mesmo sem estarmos oficialmente "abertos". Havia, porém, um obstáculo: nenhum de nós era experiente na direção de caminhões. Ricardo tinha apenas alguma prática; eu, nenhuma. Ainda assim, embarcamos na viagem, movidos por entusiasmo e determinação. A jornada de três dias pelas rodovias australianas foi uma aventura. Passamos por paisagens deslumbrantes — planícies vastas, cangurus à beira da estrada —, mas também enfrentamos percalços. Em um posto de gasolina, derrubamos uma placa por acidente, um susto que resultou apenas em uma avaria no metal. Exaustos, mas empolgados, chegamos à Gold Coast com nosso primeiro trabalho concluído e a certeza de que estávamos no caminho certo. Ricardo, com seu jeito direto, ria e dizia: "A gente carregou até um piano nas costas, Charles! Isso é liberdade!" Ele estava certo — mesmo carregando um piano em um carrinho improvisado, subindo uma calçada, sentíamos a adrenalina de construir algo nosso.

De volta à cidade, a realidade bateu: havíamos investido quase todo nosso dinheiro no caminhão e precisávamos começar a trabalhar imediatamente. Nos primeiros meses, Ricardo e eu fizemos tudo sozinhos — dirigimos, carregamos caixas, organizamos tudo. Era um trabalho braçal, cansativo, mas a economia forte da Austrália jogava a nosso favor. A demanda por serviços de mudança e entrega era alta, e, aos poucos, nosso negócio começou a prosperar. Aprendemos na prática a otimizar rotas, negociar com clientes e entender as nuances do mercado local. Aqueles meses iniciais foram um período de adaptação, de testes e erros, onde cada dia nos tornava mais confiantes e competentes. A memória de carregar aquele piano, com Ricardo gritando instruções enquanto tentávamos não deixar o carrinho tombar, ainda me faz rir — era um trabalho duro, mas também uma prova de que estávamos construindo algo real.

No final de novembro de 2017, retornei a Bali pela quinta vez, motivado pelo meu apego à ilha e pelo relacionamento com minha namorada suíça, que estava passando uma temporada lá. Hospedamo-nos em uma pousada local, semelhante às pousadas brasileiras, com quartos simples, mas confortáveis, e um quintal onde o canto dos pássaros nos acordava.

Enquanto trabalhava remotamente na administração da empresa de mudanças na Austrália, comecei a aprimorar o surfe, um esporte que sempre me intrigara. As praias de Bali, com suas ondas constantes, eram o cenário perfeito para enfrentar o desafio. Cada manhã, pegava a prancha e mergulhava no mar, sentindo a adrenalina de deslizar sobre as ondas, mesmo que muitas vezes terminasse com uma queda. Minha namorada suíça, com seu espírito aventureiro, às vezes se juntava a mim, rindo das minhas tentativas desajeitadas. À tarde, focava no trabalho, aproveitando a proximidade do fuso horário com a Austrália, e à noite, explorávamos a ilha, visitando templos, mercados ou restaurantes onde pratos de nasi goreng enchiam o ar com aromas de especiarias. O custo de vida acessível tornava a rotina sustentável, permitindo-nos aproveitar Bali sem pressa.

Oito meses depois, precisei retornar à Austrália e enfrentamos um teste crucial. Durante uma manhã de surfe, eu e Ricardo recebemos ligações frenéticas do nosso motorista: o caminhão havia quebrado no meio de uma rodovia, com uma mudança em andamento. Corremos para o local, descarregamos os itens do cliente e guinchamos o veículo para a mecânica. O diagnóstico foi desanimador: a embreagem precisava de reparos que levariam semanas. Nossa agenda estava cheia, e parar não era uma opção. A solução? Comprar outro caminhão. Encontramos um em Sydney, a cerca de 900 km. Dirigimos durante a madrugada, avaliamos o veículo, fechamos negócio e voltamos — eu no caminhão, Ricardo no carro dele. Em menos de um ano, nossa empresa dobrou de tamanho, com dois caminhões operando.

Com o segundo caminhão, pudemos contratar mais funcionários e focar na parte administrativa. Passamos de carregadores a gestores, planejando rotas, negociando contratos e expandindo nossa base de clientes. Em um ano e oito meses, a empresa se tornou sólida, com uma receita estável e uma reputação crescente na Gold Coast. Mas, em 2018, percebi que meu caminho estava tomando outra direção. Meu interesse pela Indonésia, onde já havia passado tempo e identificado oportunidades, crescia. A empresa de mudanças, embora bem-sucedida, exigia uma presença constante que eu não podia mais oferecer. Em comum acordo com Ricardo, decidi vender minha parte. Ele queria assumir o controle total, e eu, investir em novos projetos na Indonésia. A saída foi amigável, e o capital que recebi me deu a liberdade de explorar novas ideias.

A experiência na Austrália foi um divisor de águas, não apenas pelo sucesso do negócio, mas pelas lições que carrego até hoje. A primeira é que a coragem é o alicerce de qualquer mudança. O medo estava presente quando aceitei a proposta de Ricardo, quando compramos o caminhão em Melbourne sem experiência, ou quando a gente decidiu adquirir outro em Sydney sob pressão. Mas coragem não é a ausência de medo; é a decisão de agir apesar dele. Cada passo, por menor que parecesse, me levou mais longe do que imaginava. Elias Kid, que me recebeu em Gold Coast, e Ricardo Bastos, que se tornou meu sócio, foram elos da minha infância que reapareceram para me ajudar a construir algo novo, mostrando como as conexões do passado podem moldar o futuro.

A segunda lição é sobre adaptação. Chegar à Austrália sem reservas significativas me obrigou a trabalhar em empregos variados — de pedreiro a vigia de brinquedo, de catador de frutas a cortador de cabos elétricos em um galpão poeirento. Cada um deles, embora distante da medicina, me ensinou resiliência e humildade. Quando começamos a empresa, aprendemos na prática a carregar móveis — até um piano! —, negociar preços e lidar com imprevistos, como o caminhão quebrado. A adaptação foi a chave para transformar desafios em oportunidades, permitindo-nos crescer mesmo em um ambiente desconhecido.

A terceira lição é sobre o peso das escolhas, especialmente na medicina. A profissão carrega uma expectativa social que desencoraja mudanças. "Você é médico, por que está fazendo isso?", qualquer um falaria. Esse peso pode ser paralisante, mas aprendi que ser médico é parte de mim, não minha totalidade. Mudar — de país, de carreira, de mentalidade — exige enfrentar esse julgamento e reconhecer que o conhecimento que carrego é inalienável, mas não me obriga a um único caminho. Aqueles dias no galpão, respirando pó metálico e enfrentando um chefe explorador, me mostraram que nenhum trabalho é pequeno quando se trata de sobreviver e crescer.

A quarta lição é sobre deixar ir. Vender minha parte na empresa não foi fácil. Havíamos construído algo do zero, enfrentado estradas, suado em mudanças, celebrado conquistas. Ricardo e eu ríamos juntos, lembrando do piano que quase nos esmagou ou da placa que derrubamos. Mas meu coração estava na Indonésia, onde via potencial para novos projetos. Ficar preso à empresa, por apego ou medo, teria limitado meu crescimento. Deixar ir foi essencial para abrir espaço ao novo, uma decisão que me permitiu investir na Indonésia e continuar minha jornada.

Hoje vejo que mudança é a essência do crescimento. A experiência na Austrália, com seus caminhões, estradas e lições, foi mais do que um empreendimento; foi uma escola de vida. A medicina me deu propósito; o empreendedorismo, liberdade. E a coragem? Essa é a ponte que me levou de uma ligação na Indonésia a uma vida que, mesmo com seus sustos e placas derrubadas, valeu cada quilômetro percorrido. Mudar, aprendi, é um processo de desmontar e reconstruir, de carregar o passado enquanto se abraça o futuro. E, como qualquer mudança, começa com um simples, mas poderoso, "sim".

De volta ao Brasil, comecei a aplicar todo o meu aprendizado nestas viagens de forma mais estruturada. A medicina continuou sendo minha principal fonte de renda, mas agora eu a via como uma plataforma, não como uma corrente. O empreendedorismo, para mim, se tornaria uma extensão da minha identidade. Não era mais sobre fugir da medicina, mas sobre complementá-la. A medicina me daria propósito; o empreendedorismo, liberdade. Essa dualidade me permitiria construir uma vida que equilibrava impacto e autonomia.

Capítulo 12

FIOS INVISÍVEIS

Você não chegará muito longe se não contar com bons amigos.

Essa frase tão simples carrega uma verdade que moldou minha vida de maneiras que eu nunca poderia prever. As pessoas ao nosso redor não são apenas companhia; elas são o vento que nos impulsiona quando as asas parecem pesadas. A qualidade das conexões que cultivamos define não apenas quem somos, mas até onde podemos chegar. E, para mim, três pessoas, em particular, foram pilares nessa jornada: Ricardo Bastos, Ricardo Vatanabe e Margô, minha segunda mãe. Eles me ensinaram que cercar-se de quem torce por você, de quem acredita nos seus sonhos mesmo quando você duvida, é o segredo para construir uma vida que vale a pena. E, ao compartilhar suas histórias, quero inspirar você a olhar ao seu redor, identificar aquelas pessoas que vibram com suas vitórias e estão lá para segurar sua mão nos tropeços, porque são elas que farão toda a diferença.

O Ricardo Bastos, que citei no capítulo anterior e em outros, é mais que um amigo; ele é um irmão de infância, presente nas aventuras e nas ideias malucas que só quem cresce junto consegue compartilhar. Desde pequenos, dividíamos sonhos grandes, daqueles que pareciam impossíveis para os outros, mas que, para nós, eram só uma questão de tempo. Montamos nosso primeiro negócio na Austrália com aquela coragem juvenil, uma mistura de ousadia e confiança cega de que daríamos um jeito.

O que sempre me impressionou no Ricardo é sua capacidade de acreditar. Ele tem essa energia que transforma o "e se" em "vamos fazer". Ele foi decisivo em momentos que poderiam ter me trancado em moldes que não eram meus. Quando eu estava afundado em livros, obcecado com a ideia de fazer residência médica, Ricardo invadia minha casa com seu jeito direto: "Pô, isso é vida? Larga esses livros, vamos pra praia, viver!". Ele me puxou para fora da bolha da residência, me fez questionar o que a sociedade esperava de mim e escolher o que eu queria de verdade. E quando decidi viajar, ele me incentivou a ir para San Diego, o mesmo lugar onde ele viveu uma das melhores fases da vida dele. "Nada de Canadá, Charles, vai pro sol, pro surfe, pra vida que te chama!". Ele tinha ido pra Califórnia contra tudo e todos, e me mostrou que eu também podia. Essa escolha abriu minha cabeça, me deu liberdade, me fez ver o mundo com outros olhos. Ele me conhece como poucos, entende meu jeito inquieto, minha sede por explorar o mundo, e nunca tentou me encaixar em uma moldura que não era minha, muito pelo contrário.

Ricardo Bastos também me ensinou, desde cedo, que o idealismo dos rebeldes muitas vezes supera o conformismo dos que seguem o script. Na escola, éramos os caras do fundão, jogando bola, tacando papel nos outros, vivendo a vida com leveza. Enquanto os "CDFs" se enterravam em livros, nós sonhávamos com liberdade. Anos depois, vejo que muitos daqueles que seguiram o caminho "certo", não alcançaram o que sonhavam. Não por falta de esforço, mas porque, às vezes, o sistema prende. Ricardo e eu, com nosso jeito meio fora da curva, encontramos um caminho diferente, mais nosso. Ele sempre foi meu parceiro nesse jeito de desafiar o esperado, de buscar o que faz o coração bater mais forte.

O outro Ricardo, de sobrenome Vatanabe, que também citei anteriormente, entrou na minha vida por um caminho inesperado, mas igualmente transformador. Conheci-o através do meu irmão, dentro de um hospital, um lugar onde a vida e a morte estão sempre se esbarrando. Ricardo é médico, intensivista, formado pela Federal do Espírito Santo, um cara com uma década a mais que eu, beirando os 50, mas com uma mente tão aberta que às vezes esqueço a diferença de idade. Ele me lembra meu pai — não só pela sabedoria, mas pela forma como escuta, como pondera antes de falar, como acolhe ideias novas sem aquele ceticismo que trava tantos. Ele é pai de dois filhos, um menino e uma menina, e leva uma vida tradicional, enraizada na família, no cuidado com os outros. Eu, com meu estilo nômade, sempre na estrada, buscando o próximo horizonte, sou quase o oposto. E, ainda assim, nos encaixamos como peças de um quebra-cabeça.

Acho que o que faz nossa relação funcionar é o respeito mútuo, a ausência de julgamento. Ele apoia minha liberdade, minhas viagens, minhas ideias que às vezes parecem sair de outro planeta. Quando estive na Alemanha recentemente, fizemos reuniões à distância, e ele, com aquela calma que me equilibra, disse: "Vem só se quiser, Charles. Mas sei que você sabe onde precisa estar". E eu sei, porque ele nunca me deixa esquecer o que é importante, mas também nunca me prende. Ele é um apoiador incondicional, alguém que celebra minhas vitórias como se fossem dele e me ajuda a levantar quando o plano dá errado. Nossa compatibilidade, nossa capacidade de ouvir um ao outro, transformou cada desafio em uma ponte para algo maior.

Mas, se Ricardo Bastos é o irmão da infância e Ricardo Vatanabe é o parceiro que hoje me ancora, Margô é, sem dúvida, minha segunda mãe. Conheci Margarethe — ou Margô, como a chamo carinhosamente — em 2014, no Hospital São Lucas, onde eu trabalhava na UTI. Ela, uma médica experiente, cardiologista e intensivista, com mais de 40 anos de medicina, era uma presença imponente, mas com uma ternura que desarmava. Dividíamos o mesmo turno, o mesmo quarto na UTI, e foi ali, entre plantões exaustivos, que nossa amizade nasceu. Eu sempre fui o cara do "bom dia" alto, do café compartilhado, do papo no almoço. E Margô, com seus

50 e tantos anos na época, respondia com uma abertura que me surpreendia. Aos poucos, fomos nos aproximando. Ela me contava sobre seus filhos, sua família, sua vida; eu falava da minha. Era uma troca verdadeira, daquelas que aquecem o coração.

No final daquele ano, quando decidi partir para a Austrália, lembro do nosso último plantão juntos. Margô chorou. Disse que nunca tinha conhecido alguém como eu na medicina, alguém que a fizesse sentir tão vista, tão valorizada. "Você é o filho que eu queria ter", ela disse, com os olhos marejados. Aquilo me marcou profundamente. Prometi que não a esqueceria, que ela já era parte da minha vida. E cumpri. Margô virou minha confidente, alguém que me acolhe com um carinho tão grande quanto o da minha própria mãe. Ela me enxerga não só como o médico ou o empreendedor, mas como o filho que ela sempre quis ter por perto — alguém que a inspira, que a faz sonhar com liberdade, com o mundo lá fora.

Margô é uma figura única. Aposentada pelo governo, ela continua trabalhando na UTI porque ama o que faz. Quando viajei para a Austrália, ela me mandou uma caixa cheia de roupas de frio — tudo escolhido com o cuidado de quem não queria que eu passasse frio do outro lado do mundo. "Leva o casaco, meu filho", era quase o lema dela. E, numa passagem desastrosa pela China, quando fui barrado por um problema de visto e voltei para Hong Kong, Margô se indignou. Escreveu para o consulado brasileiro, querendo resolver minha situação, como uma mãe lutando pelo filho. E, pasme: ela até ajudou financeiramente quando compramos o caminhão de mudanças na Austrália, um gesto que mostrou o quanto ela acreditava em mim.

Nossa relação é uma troca constante. Levei-a para viajar por Portugal e Espanha, só nós dois, numa aventura que ela guarda como um tesouro. Mostrei a ela a Indonésia por videochamadas, compartilhando cada pedaço do mundo que eu descobria. Ajudei um dos filhos dela a se estabelecer na Austrália, onde ele vive até hoje. Margô sempre diz que eu tenho um quarto na casa dela, um espaço que é meu, porque, para ela, eu sou família. Ela me apoia em tudo: nas minhas ideias, nos meus sonhos, na minha busca por liberdade. Diz que, se pudesse voltar no tempo, faria como eu: viveria mais, exploraria mais, se jogaria no mundo.

Essas três pessoas — Ricardo Bastos, Ricardo Vatanabe e Margô — são mais do que amigos ou parceiros. Elas são a prova de que as conexões certas transformam vidas. Eles me viram em meus melhores e piores momentos, celebraram minhas vitórias e me seguraram quando o chão parecia sumir. Juntos, construímos negócios, histórias, memórias. Juntos, enfrentamos tropeços e transformamos ideias em realidade.

E agora, após me declarar com tanto entusiasmo, te entrego a missão, caro leitor. E quanto a você? Olhe ao seu redor. Quem são as pessoas que torcem por você? Quem são aquelas que, mesmo nos dias em que você duvidou de si mesmo, te lembraram do seu valor?

Quem são os que celebram suas vitórias sem inveja, que te desafiam a ser melhor, que te acolhem quando você cai? Essas são as pessoas que você deve manter por perto. Elas não precisam ser muitas, mas precisam ser verdadeiras. Cultive essas conexões, porque são elas que vão te carregar quando o caminho ficar íngreme. Escute-as, valorize-as, retribua o apoio que elas te dão. E, acima de tudo, acredite que você também pode ser essa pessoa para alguém. Porque, no fim, é essa rede de apoio, de amor, de confiança, que nos faz ir mais longe do que jamais imaginamos.

Poderia passar páginas falando de outras pessoas que cruzaram meu caminho e deixaram marcas — amigos, mentores, familiares. Mas, se eu tivesse que escolher, seriam esses três os alicerces da minha jornada. Sem a união deles comigo, sem o apoio, a confiança e o carinho que me ofereceram, eu não teria chegado onde estou. Eles são minha rede, meu porto, minha inspiração. E são a prova de que, além da família, é essencial contar com bons amigos. Então, leitor, vá lá e encontre os seus. Eles estão esperando para mudar sua história.

Capítulo 13

CAMINHOS INESPERADOS

O ano de 2018 começou com uma viagem inesquecível às Filipinas, ao lado da minha namorada suíça. Desembarcamos em Palawan poucos dias antes do Réveillon e logo nos deixamos levar pelo ritmo leve da ilha, cruzando vilarejos de moto, mergulhando em águas cristalinas e saboreando frutos do mar à beira-mar. Cada dia era uma soma de natureza, risadas e sintonia, vivida com o tipo de leveza que só se encontra em lugares distantes do tempo. Após um mês entre Port Barton e El Nido, retornamos a Bali, nossa base afetiva, onde a rotina desacelerada entre surf, arrozais e jantares simples renovava nossa conexão com o lugar — e entre nós.

Em maio, iniciei uma nova etapa da jornada, desta vez com um grande amigo de infância, o Gigante. Partimos para Phuket, na Tailândia, e logo embarcamos rumo a Koh Phi Phi, onde o mar azul-turquesa, as festas na areia e os mergulhos entre corais compunham dias de celebração. Foi uma semana intensa, de paisagens quase irreais e noites iluminadas por tochas e música. De volta a Phuket, meu amigo Gigante seguiu para a Austrália, e eu, ainda movido pela vontade de descobrir mais, viajei sozinho ao Camboja. Em Siem Reap, formei amizade com duas francesas com quem explorei os templos milenares de Angkor. A arquitetura ancestral e o aroma das especiarias locais criavam um contraste fascinante com o cotidiano leve das conversas e caminhadas sem pressa.

Do Camboja, segui para o Vietnã, onde me hospedei em um hostel em Hanói e me perdi entre motos e mercados. A cidade tinha uma energia caótica e ao mesmo tempo encantadora, que me fez absorver tudo intensamente. Após alguns dias, voltei à Indonésia para reencontrar minha namorada. Passamos mais um mês em Bali, retomando nossa rotina entre praias, plantações e jantares sob lanternas balançando ao vento. A ilha, mais uma vez, serviu como ponto de chegada e reencontro.

Junho de 2018 trouxe a Copa do Mundo, em Moscou, uma celebração global que eu, como apaixonado por futebol, não podia perder. Desde o aeroporto, a cidade vibrava em festa: bandeiras, idiomas misturados e um entusiasmo coletivo que me contagiava. Fiquei em um hostel próximo à Praça Vermelha, dividindo o quarto com torcedores de várias nacionalidades. Assisti a partidas no estádio, onde a emoção era quase física, e em telões nas Fan Zones, onde multidões dançavam, cantavam e se abraçavam. As noites se transformavam em festas espontâneas pelas ruas da capital russa. Moscou, naquele contexto, era muito mais que uma cidade — era o centro pulsante de uma alegria compartilhada.

Foi numa manhã, às seis horas, num café da cidade, que uma conexão inesperada aconteceu. Ouvi uma pessoa falando português ao meu lado. De repente, eu puxava papo com um grande jogador de futebol brasileiro, o Hernanes (também conhecido como Profeta), que estava de passagem pelo país, como eu. Um cara muito inteligente, poliglota, apaixonado por viagens, e nossa conversa fluiu com facilidade. Falamos por horas, compartilhando histórias de aventuras, e aquela conexão virou uma amizade que se estendeu além da Rússia.

Meses depois, planejei visitá-lo na China, país onde ele jogava, mas fui barrado por um problema de visto. Reservei um hotel em Hong Kong, pensando que poderia entrar na China continental sem visto por alguns dias, mas na fronteira descobri que brasileiros só podiam entrar por Pequim. Após uma confusão na imigração e um retorno forçado a Hong Kong, não consegui encontrá-lo, mas nossa amizade resistiu. Anos depois, em São Paulo, ele me recebeu como irmão, passando quase uma hora conversando comigo no treino do time, mostrando que conexões verdadeiras transcendem distâncias e imprevistos. Até hoje mantemos contato regular.

Os últimos dias em Moscou, no entanto, trouxeram desafios que testaram minha resiliência. Reservei um apartamento perto de um dos aeroportos, buscando conveniência para o voo à Suíça. As fotos online prometiam um espaço acolhedor, mas o que encontrei foi um quarto vazio, com apenas um colchão no chão. O anfitrião, ao invés de resolver, respondeu com mensagens agressivas e ameaças. Com a cautela moldada pela vida no Brasil, peguei minha mochila, entrei num táxi e me mudei para um hotel seguro, reportando o caso à plataforma, que me reembolsou e desativou o anúncio. O estresse, somado às semanas de sono ruim no hostel, má alimentação e trabalho remoto, culminou numa paralisia de Bell na véspera da partida. Como médico, reconheci os sintomas — boca torta, rosto paralisado —, mas o choque foi inevitável. Meu irmão, por ligação, confirmou o diagnóstico e me orientou a descansar. Comprei corticoides no aeroporto e embarquei para a Suíça.

Em Saint Gallen, minha namorada suíça, com sua calma característica, organizou uma consulta num hospital local, onde a eficiência e o cuidado contrastavam com o caos russo. Exames descartaram causas graves, confirmando a paralisia de Bell, e o tratamento com corticoides e fisioterapia facial acelerou minha recuperação. Após três semanas, meu rosto voltou ao normal, mais rápido que a média, graças ao atendimento precoce e ao ambiente tranquilo. As montanhas e lagos de Saint Gallen ajudaram a restaurar meu equilíbrio, e, após um mês, retornei ao Brasil. Em setembro, voltei à Indonésia para celebrar meu aniversário, acompanhado pela minha namorada e pelo dono italiano de uma pousada, cuja amizade tornava cada momento especial. Exploramos cachoeiras escondidas, mergulhamos em Nusa Penida e Nusa Lembongan, e surfamos em Bali, imersos na beleza da ilha.

A paralisia de Bell, embora assustadora, foi um lembrete da fragilidade do corpo sob pressão, amplificada pelo incidente em Moscou e pela tentativa frustrada de entrar na China. Como médico, conhecia a ciência, mas vivenciar a condição trouxe uma perspectiva humana, reforçando a importância do equilíbrio entre aventura, saúde e conexões.

Capítulo 14

CADA FIM É UM RECOMEÇO

O término com minha namorada suíça foi um marco que entrelaçou amor, perda e autodescoberta, como um crepúsculo que revela a beleza da noite ao apagar o dia.

Após retornar à Indonésia em setembro de 2018 para celebrar meu aniversário, encontrei em Bali um refúgio familiar, mas também o peso de uma relação que, embora cheia de carinho, carregava um desequilíbrio que eu não podia ignorar. A ilha, com seu calor tropical e o murmúrio distante do mar, parecia amplificar as emoções, trazendo à tona verdades que eu vinha adiando. Minha namorada suíça, que havia reestruturado sua vida para viver ali, inspirada pela minha busca por liberdade, carregava nos olhos uma mistura de amor e saudade que se intensificava cada vez que eu partia sozinho ou com algum amigo. Por outro lado, eu, movido por viagens e compromissos, sentia-me completo tanto na sua companhia quanto nas aventuras solitárias, mas percebia que, para ela, minhas ausências eram uma dor que se acumulava em silêncio.

A decisão de terminar surgiu após um período de

reconexão em Bali. Reencontrá-la no aeroporto reacendeu meu afeto por ela. Passamos semanas juntos, imersos na rotina da ilha, mas a proximidade revelou o quanto ela investia mais no relacionamento do que eu. Ela, com sua determinação característica, havia deixado a carreira regular de dentista na Suíça para adotar um estilo de vida que equilibrava trabalho sazonal com longos períodos em Bali. Trabalhando três a quatro meses por ano, juntava cerca de 40 mil francos suíços, vivendo o restante do tempo na ilha com apenas 10 mil, uma fórmula que lhe permitia economizar e perseguir seu sonho de abrir uma loja online de biquínis. Eu me orgulhava de tê-la inspirado a essa mudança, mas reconhecia que minha liberdade, tão essencial para mim, a fazia sofrer. Cada partida minha — para a Tailândia, Camboja, Vietnã ou Austrália — deixava um vazio que eu não podia preencher.

Um momento em Singapura, antes da viagem com meu grande amigo, tornou esse desequilíbrio dolorosamente claro. Por uma coincidência, nossos voos calharam: eu e meu amigo íamos para a Tailândia, enquanto ela precisava sair e retornar a Bali por questões de visto. No aeroporto, a despedida foi um golpe suave no coração. Enquanto eu aguardava na área internacional, ela saiu para carimbar o passaporte e voltou para me encontrar antes de seu voo de volta. Naqueles breves 20 minutos, ela me abraçou com uma intensidade que ecoava desespero. Seus olhos, brilhando com lágrimas, pediam que eu retornasse logo, e o jeito como me segurava, como se pudesse reter um pedaço de mim, revelou um amor que eu não conseguia corresponder plenamente. Prometi voltar, ofereci palavras de conforto, mas ao embarcar para a Tailândia, senti uma inquietação, sabendo que nossa relação estava em um fio delicado.

Quando retornei a Bali após minhas viagens solo, a convivência trouxe clareza. Sentado em um canto tranquilo de Canggu, abri meu coração para ela. Fui honesto, confessando que, embora a amasse, minha vida era plena com ou sem ela, enquanto sua entrega ao relacionamento parecia custar-lhe demais. Sugeri que ela refletisse sobre o que queria, dando-lhe espaço para decidir nosso futuro. Concordamos em passar dois dias sem nos encontrar, apesar de dividirmos o mesmo quarto, uma tentativa de manter a convivência com respeito. Dormíamos lado a lado, mas cada um seguia seu percurso, eu lidando com compromissos remotos, ela cuidando de seus projetos. Após esses dias, ela retornou com uma decisão clara: não podia continuar. Com lágrimas, explicou que o sofrimento superava o amor, e pediu que terminássemos. Respeitei sua escolha. Confesso que senti alívio misturado à tristeza. Como eu ainda tinha 15 dias em Bali antes de partir para a Austrália, ela fez um pedido: que não nos envolvêssemos com outras pessoas durante esse tempo. Concordei, sugerindo que permanecêssemos no mesmo quarto, como amigos, para suavizar a transição.

Os dias que se seguiram declararam uma despedida

lenta e agridoce. Viajamos juntos para uma ilha próxima, como amigos, sem gestos românticos, mas com um afeto que resistia ao fim. Conversávamos sobre o passado, ríamos de memórias compartilhadas, e deixávamos o silêncio preencher os espaços onde antes havia promessas. Quando chegou o momento de partir para a Austrália, ela me acompanhou ao aeroporto de Denpasar. O último abraço, demorado e silencioso, foi um adeus que carregava o peso de tudo que vivemos. Subi no avião com o coração apertado, sabendo que aquele capítulo com ela, tão rico em aprendizado, havia se findado.

Havíamos combinado não nos falar, um acordo para facilitar a cura, mas após seis semanas, a ausência dela tornou-se insuportável. Decidi retornar a Bali, escolhendo uma área a duas horas de onde ela vivia, onde amigos me acolheram. Era dezembro de 2018, e o calor da ilha, misturado ao espírito de fim de ano, trazia uma nostalgia que pesava no peito. Após alguns dias, sentado sob um céu tingido de laranja, escrevi uma mensagem, sugerindo um encontro para conversar. Sua resposta, porém, foi um corte profundo: ela estava saindo com outra pessoa e preferia não me ver. A dor foi visceral, um misto de perda e arrependimento. Insisti, pedi para conversar, cheguei até a propor casamento, movido pela súbita clareza de quanto ela significava para mim. Eu sei, foi um ato desesperado. Nos encontramos, e, embora o carinho ainda estivesse lá, ela foi firme: precisava seguir em frente.

Os dias seguintes foram um vazio que engolia tudo. Perdi o apetite, passei noites acordado, e Bali tornou-se um espelho de memórias que doíam. Após uma semana, percebi que permanecer ali era prolongar a ferida. Comprei uma passagem para o Brasil, decidido a deixar a ilha e suas lembranças.

A mensagem do término, que guardo no coração, é uma ode à beleza efêmera do que vivemos. No Brasil, mergulhei na medicina, trabalhando intensamente por quatro meses, usando o ofício para cicatrizar. A dor do término, que levou meses para se suavizar, transformou-se em uma reflexão sobre o que significa amar. Para mim, o aprendizado foi compreender que o amor exige equilíbrio, uma entrega mútua que eu, na minha busca por liberdade, nem sempre ofereci. Com tudo isso, aprendi a valorizar quem se doa, mas também a reconhecer quando um caminho precisa se dividir.

Capítulo 15

MEU SEGUNDO LAR É LONGE

A Indonésia, especialmente Bali, é mais do que um lugar no mapa — é um refúgio, uma raiz que plantei ao longo de mais de dez visitas e temporadas, um lar que me acolhe com uma energia que não encontro em nenhum outro canto do mundo. Desde a primeira vez que pisei na ilha, senti uma conexão que transcende a beleza das praias ou a hospitalidade do povo; é como se Bali me conhecesse, como se cada grão de areia, cada onda, cada templo sussurrasse uma verdade sobre quem sou e quem quero ser.

Minha história com Bali começou com a descoberta de um lugar que parecia alinhar corpo, mente e espírito. As praias de Canggu, com suas ondas, tornaram-se meu playground, onde aprendi a deslizar sobre o mar, caindo e levantando com a paciência que o surfe exige. Os templos, com seus altares, traziam uma espiritualidade que não exigia crenças, apenas presença. Cada visita era uma redescoberta, um mergulho em uma ilha que, apesar de sua simplicidade, oferecia uma riqueza que ia além do material. O povo balinês, com sua humildade e gratidão, me ensinou que a felicidade não depende de posses, mas de conexões — com a natureza, com os outros, consigo mesmo. Em Bali, aprendi a precisar de pouco, a saborear a simplicidade de um prato de comida em uma barraca à beira-mar ou de uma conversa com um estranho que se tornava amigo.

Bali se tornou minha base, especialmente entre 2018, quando eu e minha namorada suíça fizemos da ilha nosso ponto de equilíbrio. Passamos meses surfando, caminhando por vilas onde o som de gamelãs ecoava, e jantando em restaurantes que misturavam sabores locais com influências globais. A ilha era nosso santuário, um lugar onde nosso relacionamento florescia sob o sol tropical. Em fevereiro, voltamos por mais um mês, vivendo uma rotina que combinava esportes, trabalho remoto — administrando minha empresa de mudanças na Austrália — e a liberdade de explorar. Cada dia era uma celebração da ilha e da nossa conexão, reforçada pela energia de Bali, que parecia nos alinhar.

Maio de 2018 trouxe uma nova perspectiva, quando viajei com um amigo para Canggu. Alugamos uma scooter e mergulhamos na vida local, jogando futevôlei na praia, surfando ao amanhecer, e dançando em festas que reuniam viajantes de todos os cantos. Bali era um caldeirão de culturas, onde brasileiros, australianos, europeus e asiáticos se encontravam, compartilhando histórias e risadas. Fizemos amigos que se tornaram parte da nossa jornada, e a ilha, com sua capacidade de unir pessoas, reforçava seu lugar especial no meu coração. Tanto que, conforme citei antes, celebrei meu aniversário no lugar. Na verdade, Bali era meu verdadeiro presente, um lugar onde cada momento parecia carregado de significado.

Minha conexão com a Indonésia não se limitava à vivência; ela se materializou em negócios que me permitiram deixar uma marca na ilha. Durante uma dessas temporadas, enquanto ainda namorava a suíça, discutíamos a ideia de investir em Bali, atraídos pelo custo de vida acessível e pelo potencial de retorno. Um encontro casual na praia de Canggu mudou tudo. Durante uma partida de altinha, conheci um brasileiro que construía casas na ilha, amigo de um conhecido da Austrália. A coincidência reforçava o quanto o mundo pode ser pequeno. Ele nos convidou a conhecer seus empreendimentos, e embora eu e minha namorada não tenhamos entrado no negócio, a semente foi plantada. Anos depois, em uma conversa com ele, expressei meu desejo de ter algo próprio em Bali. Ele propôs construir um condomínio de dez lofts, pedindo ajuda para reunir investidores. Contatei amigos e, juntos, realizamos o projeto. Eu fiquei com um loft, enquanto ele, que liderou a construção, ganhou duas unidades. O investimento, de cerca de 300 mil reais, gerava um aluguel mensal de 8 mil reais, um retorno muito superior ao que eu teria no Brasil, onde um apartamento de 1 milhão de reais rende cerca de 3.500 reais de aluguel. A experiência me mostrou que Bali não era apenas um lugar para viver, mas também para prosperar.

Outro empreendimento veio com a sociedade em

uma pousada, também em 2018. O dono, um amigo italiano, precisava de capital, e eu, com algum dinheiro guardado, decidi investir, adquirindo 40% do negócio. Nossa amizade, forjada em várias estadias na pousada, facilitou a parceria. Hospedar-me lá sempre foi uma extensão da hospitalidade balinesa, com quartos simples, mas acolhedores, e um quintal onde o canto dos pássaros misturava-se ao som das ondas distantes. No entanto, percebi que a sociedade não era vantajosa para ele, já que eu não estava presente para gerenciar o dia a dia. Após uma conversa franca, decidimos que eu sairia pelo valor que investi, sem lucros adicionais. Ele me pagou aos poucos, e a experiência, embora breve, foi benéfica para ambos: eu o ajudei em um momento de necessidade, e ele pôde retomar o controle total. A decisão refletia minha visão de negócios em Bali — parcerias baseadas em confiança e benefício mútuo.

Mais tarde, usei os lucros do aluguel do primeiro loft para investir em uma segunda casa, um projeto que envolveu outro amigo precisando de capital para concluir uma obra. A casa, avaliada em 100 mil dólares, foi adquirida por quase metade do preço, com uma amiga dividindo o investimento. O dinheiro do aluguel do primeiro imóvel financiou minha parte, permitindo-me expandir sem tirar recursos do bolso. O processo, registrado com advogado e cartório, não exigia o visto de residente (Kitas), já que era uma residência, não um negócio operacional. A burocracia em Bali, comparada ao Brasil, é surpreendentemente simples, com documentações diretas e custos acessíveis, facilitando investimentos estrangeiros.

Mas a minha conexão com Bali vai além dos negócios. A ilha é um espelho da minha busca por equilíbrio. O hinduísmo balinês, com sua filosofia do carma, molda a vida local, criando uma harmonia que se sente nas ruas, nos sorrisos, nas oferendas diárias de flores. A pobreza, vista pelos olhos ocidentais, não carrega o desespero de outros lugares; é uma simplicidade que convive com dignidade, sustentada por uma cultura que valoriza o essencial. Bali é segura, acolhedora, um lugar onde a energia da "terra dos deuses" parece alinhar tudo. Os pores do sol são um espetáculo diário, enquanto a culinária é uma celebração da terra. Esportes, especialmente o surfe, tornaram-se parte da minha identidade na ilha, já que Bali é uma meca para surfistas, com ondas consistentes e picos que vão de Uluwatu às remotas Ilhas Mentawai. Além do surfe, pratico futevôlei, kite surfe, corridas e até jogo futebol com locais, sentindo a ilha pulsar com saúde e movimento.

A vida noturna de Bali, com festas em clubes à beira-mar ou bares escondidos em Ubud, é outro atrativo, misturando viajantes e locais em noites de música e dança. Mas o que mais me prende é a sensação de pertencimento. Em Bali, sinto-me em casa, como em minha cidade natal. Cada visita é uma volta ao lar, um reencontro com a paz que a ilha instala na alma. Os negócios, como o loft e a casa, são extensões dessa conexão, formas de ancorar-me à ilha enquanto ela me sustenta. A pandemia, que veio logo após 2019, pausou meus planos em Bali, levando-me de volta ao Brasil. Mas a ilha permaneceu no meu horizonte, e retomei os investimentos assim que possível, construindo uma vida que equilibra a medicina, as viagens e a paixão por um lugar que é, para mim, um paraíso que todos merecem conhecer.

Capítulo 16

A DOR QUE ENSINA A TODOS

Nesta fase, enquanto planejava novas viagens e mergulhava em culturas pelo mundo, movido pela curiosidade e pelo desejo de criar memórias, eu não imaginava que um evento global, a pandemia de COVID-19, logo transformaria tudo. Cada destino parecia apenas mais um capítulo da minha aventura, sem qualquer sinal de que o mundo estava prestes a mudar.

Em fevereiro de 2019, voltei a viajar com minha mãe, desta vez pela Europa, começando por Paris, onde a Torre Eiffel e o Louvre foram paradas obrigatórias. No norte da França, em Lille, admiramos a arquitetura local. Em Bruxelas, as cervejas e chocolates belgas eram um deleite, enquanto as ruas históricas contavam histórias. Luxemburgo trouxe uma paz rara. Retornamos a Paris para o voo ao Brasil, com memórias de uma viagem tranquila.

Março me levou à Indonésia por dois meses, onde surfei e reencontrei conhecidos, seguido por dez dias na Alemanha. Em Frankfurt, hospedado na casa de um amigo, dirigi pelas autoestradas sem limite de velocidade, sentindo uma liberdade única. Em Colônia, a Catedral impressionava com sua grandiosidade. Depois retornei ao Brasil, retomando a medicina e os esportes.

Em outubro, passei uma noite em Istambul, explorando a Hagia Sophia e a Mesquita Azul, antes de uma conexão em Singapura, onde a modernidade e a vida noturna brilhavam. Cheguei a Bali, passando semanas surfando e praticando esportes, encontrando paz na ilha que tanto amava. Cada destino, de Palawan a Colônia, era um fio na tapeçaria da minha vida, tecido com a energia dos lugares e a força das conexões humanas.

Em fevereiro de 2020, desembarquei na Itália com um propósito diferente das viagens anteriores, que eram movidas pela busca de novas paisagens e conexões humanas. Desta vez, meu objetivo era requerer a cidadania italiana, um direito herdado de antepassados, e aprender a língua do país, mergulhando em sua cultura de forma mais profunda. Cheguei a Ariano nel Polesine, uma pequena comuna na região do Vêneto, onde iniciei o processo de cidadania. O procedimento exigia que eu permanecesse na Itália por pelo menos 45 dias, mas, em vez de ficar parado, decidi explorar outras cidades e até um país vizinho, a Eslovênia, sem imaginar que o mundo estava prestes a enfrentar uma crise sem precedentes: a pandemia de COVID-19. O que começou como uma jornada de descoberta se transformou em uma experiência marcada pela incerteza, pela solidariedade e pela impotência de um médico diante de uma catástrofe global.

Ao chegar, o processo de cidadania em Ariano nel Polesine foi marcado pela burocracia típica italiana, mas também pela hospitalidade de uma cidade pequena, onde as ruas estreitas e os campos verdes do delta do rio Pó exalavam tranquilidade. Após dar entrada nos documentos, comecei a explorar a Itália, aproveitando a liberdade de movimento que, semanas depois, seria restringida. Verona foi minha primeira parada, uma cidade que respirava romantismo, com suas praças de paralelepípedos e a Casa de Julieta, onde turistas deixavam mensagens de amor nas paredes. Caminhei pelas margens do rio Adige, sentindo o frio de fevereiro e admirando a Ponte Scaligero, uma fortaleza medieval que parecia desafiar o tempo. De Verona, segui para o Lago di Garda, cuja imensidão de águas cristalinas, cercada por montanhas cobertas de neve, oferecia uma paz quase espiritual. As vilas à beira do lago, como Sirmione, com suas termas e castelo, despertavam a contemplação, e passei horas caminhando, absorvendo a beleza que a Itália tão facilmente proporciona.

Bolonha me surpreendeu com sua energia vibrante e sua história acadêmica, sendo lar da universidade mais antiga do mundo ocidental, fundada em 1088. Subi os degraus da Basílica de San Luca, no topo de uma colina, e fui recompensado com um pôr do sol que tingia o céu de laranja e rosa, refletindo sobre os telhados vermelhos da cidade. Padova, com suas praças elegantes e a Basílica de Santo Antônio, era outra joia. Nessas cidades, fiz amizades com italianos e brasileiros, compartilhando refeições de massas frescas e vinhos locais, e trocando histórias que enriqueciam cada momento. A Itália, com sua mistura de história, arte e calor humano, era um centro de experiências que me conectavam ao passado dos meus antepassados e ao presente das pessoas que cruzavam meu caminho.

Uma dessas conexões levou a uma aventura inesperada na Eslovênia, um país que nunca esteve nos meus planos. Movido por uma onda de curiosidade e espontaneidade, decidi explorar esse destino desconhecido. Peguei um carro e, após uma jornada de três horas, cruzei a fronteira, deixando para trás as planícies do Vêneto e entrando em um país de paisagens exuberantes. Minha primeira parada foi Bled, com seu lago de águas esmeralda e uma ilha no centro, onde a Igreja da Assunção se erguia sob o céu azul. Remei até a ilha, ouvindo o som suave da água contra o barco, e subi ao topo do Castelo de Bled, de onde a vista das montanhas Julianas era de tirar o fôlego. Segui para o Castelo de Predjama, encravado em uma caverna na cidade homônima, uma fortaleza medieval que misturava história e mistério. Em Ljubljana, a capital, caminhei pelas pontes sobre o rio Ljubljanica, admirando a arquitetura colorida e os cafés à beira-rio, onde o cheiro de pão fresco se misturava ao ar frio. Conversas com locais revelaram que 70% do país é coberto por florestas intocadas, um fato que explicava a sensação de harmonia com a natureza em cada esquina. Aqueles dois dias, tão espontâneos quanto intensos, reforçaram minha crença de que as melhores experiências surgem quando deixamos o roteiro de lado, abraçando o inesperado sem expectativas que possam gerar frustrações.

De volta à Itália, o cenário começou a mudar. Quando cheguei, e os primeiros casos de COVID-19 já eram reportados no norte do país. Inicialmente, as notícias pareciam distantes, mas amigos e familiares do Brasil começaram a ligar, preocupados com minha segurança. Na semana seguinte, a situação escalou rapidamente. A Itália, que em março se tornaria o epicentro global da pandemia após a China, viu seus casos explodirem, especialmente na Lombardia, vizinha ao Vêneto. Dados da Organização Mundial da Saúde (OMS) indicam que, até meados de março, o país registrava mais de 24.000 casos e 1.800 mortes, números que cresciam exponencialmente. O vírus, altamente contagioso por transmissão aérea e contato próximo, atingia com força os idosos, que representavam cerca de 23% da população italiana, a maior proporção na Europa e a segunda no mundo, segundo o Instituto Nacional de Estatística (ISTAT). Essa demografia, combinada com a convivência intergeracional comum na Itália, acelerou a disseminação, tornando o país um símbolo da gravidade da crise.

Como médico, acompanhar a pandemia de dentro da Itália foi uma experiência que misturava conhecimento técnico com uma profunda sensação de impotência. Minha formação me permitia entender a natureza do SARS-CoV-2: um vírus respiratório que, embora tivesse uma letalidade relativamente baixa (cerca de 2-3% globalmente, segundo a OMS), sobrecarregava os sistemas de saúde devido à sua transmissibilidade. Na Itália, o sistema de saúde, apesar de robusto, colapsou em regiões como a Lombardia, onde hospitais como o de Bérgamo ficaram sem leitos de UTI. Conversei com médicos italianos, colegas que trabalhavam nas unidades de terapia intensiva, e suas histórias eram devastadoras: pacientes graves, muitos idosos, permaneciam intubados por semanas, e a falta de ventiladores forçava decisões éticas angustiantes. A Itália enfrentava uma tragédia que evocava tempos de guerra, com imagens de caminhões militares transportando caixões em Bérgamo marcando o imaginário global.

Minha reflexão como médico era um misto de frustração e responsabilidade. Passei anos estudando para salvar vidas, mas ali, no epicentro da crise, sentia-me impotente. Podia explicar a ciência do vírus, orientar sobre máscaras e distanciamento, mas não podia deter a onda de infecções que varria o país. A medicina, que sempre vi como uma ferramenta de controle, revelava seus limites diante de uma pandemia global. Escrevi ao governo italiano, oferecendo-me como voluntário para trabalhar nos hospitais, disposto a usar minha experiência para aliviar o sofrimento. Embora não tenha recebido resposta, o ato era uma forma de combater a impotência, de afirmar que, mesmo em meio ao caos, eu podia contribuir. A quarentena, imposta em 9 de março de 2020, me confinou em casa, como a todos no país. O *lockdown* nacional, um dos primeiros na Europa, fechou comércios, escolas e proibiu deslocamentos, exceto para emergências, conforme relatado por fontes como a BBC. As ruas de Ariano nel Polesine, antes cheias de vida, ficaram silenciosas, com o som ocasional de sirenes quebrando o vazio.

A quarentena, que durou semanas, foi um teste de resiliência. Passava os dias em contato com médicos italianos, acompanhando atualizações e tentando entender como o vírus desafiava a medicina moderna. Relatos de colegas descreviam turnos exaustivos e a angústia de perder pacientes diariamente. Um estudo publicado no PubMed Central estimou que, 14 dias após o *lockdown*, a taxa de transmissão caiu significativamente no centro e sul da Itália, mas o norte, onde eu estava, demorou mais para estabilizar. A solidariedade era palpável: vizinhos cantavam nas varandas e voluntários distribuíam alimentos. Minha rotina se limitava a leituras, videochamadas com a família no Brasil, e tentativas de aprender italiano, mas o peso da crise estava sempre presente.

Após quatro meses de *lockdown*, as fronteiras internas da Europa começaram a reabrir em junho de 2020. A Itália, que registrava uma queda nos casos (de 4.000 por dia em março para menos de 300 em junho, segundo o Ministério da Saúde italiano), iniciava uma recuperação lenta. Era um país ferido, mas resiliente, que enfrentara uma tragédia com coragem e união. Minha cidadania italiana, ainda em processamento, era agora mais do que um documento; era um vínculo com um povo que me ensinou sobre resistência.

Como médico, a pandemia me confrontou com a fragilidade da vida e os limites da ciência. No Brasil, acompanhei à distância as notícias de um sistema de saúde sob pressão, e na Itália, vivi a realidade de um colapso sanitário. A impotência de não poder salvar todos era um peso, mas também um chamado à ação, uma lembrança de que cada pequeno gesto — uma oferta de ajuda, uma máscara usada, uma mão estendida — fazia diferença. A viagem, que começou com a promessa de uma nova cidadania e uma língua, tornou-se uma jornada de aprendizado sobre a imprevisibilidade da vida e a força das conexões humanas em tempos de crise.

Capítulo 17

REACENDENDO A VEIA EMPREENDEDORA

Após quatro meses de *lockdown* na Itália, eu me desloquei para a Alemanha, buscando um lugar onde as restrições fossem menos severas e a vida começasse a retomar seu ritmo. O mundo ainda sentia os efeitos da pandemia de COVID-19. A Alemanha, com suas medidas mais flexíveis, como a reabertura de comércios e restaurantes em maio de 2020, oferecia um respiro em meio ao caos europeu. Hospedado em um chalé na região oeste, cercado por florestas e colinas que exalavam o frescor do verão, eu tentava reorganizar minha vida após um período de inatividade profissional após vender minha parte na pousada. Foi nesse momento de transição, quando o futuro parecia uma página em branco, que uma oportunidade inesperada surgiu, reacendendo minha veia empreendedora.

Um amigo de infância, com quem mantive contato ao longo dos anos, me procurou com uma proposta que, à primeira vista, parecia fora da minha zona de conforto. Ele trabalhava com exportação de commodities brasileiras, especificamente café e pimenta, e sabia da minha experiência em negócios internacionais, adquirida na Austrália com uma empresa de mudanças e em Bali com investimentos imobiliários. Minha fluência em inglês e minha familiaridade com diferentes culturas, fruto de anos viajando, também eram vantagens que ele valorizava. Ele me convidou para atuar como broker, um intermediário autônomo no mercado de exportação, conectando fornecedores brasileiros a importadores estrangeiros. A proposta não exigia investimento inicial, apenas dedicação e habilidade para negociar. Em um mundo onde a pandemia havia interrompido cadeias de suprimento e abalado mercados, a ideia de entrar em um setor tão volátil era ao mesmo tempo intimidante e excitante. Mas minha mentalidade empreendedora, forjada em anos de adaptação a novos desafios, viu na crise não uma barreira, mas um campo de possibilidades.

Aceitei o desafio e mergulhei de cabeça, mesmo sem experiência prévia com commodities. Meu amigo e o presidente da empresa dele, uma *trading company* brasileira, me orientaram em uma videochamada que durou horas, explicando os detalhes do mercado. Aprendi que a pimenta do reino, ou *black pepper*, era classificada em categorias como Asta, B1 e B2, sendo a Asta a de maior qualidade, com grãos mais uniformes e aroma intenso. O preço da tonelada variava diariamente, oscilando entre 2.500 e 3.500 dólares, dependendo da oferta e da demanda, conforme dados da International Pepper Community. No caso do café, embora eu nunca tenha fechado uma venda, entendi que o Brasil, maior produtor mundial com 37% da safra global em 2020, era um gigante no setor, exportando principalmente para Europa e Ásia. As transações eram feitas em containers de 20 ou 40 pés, com o de 40 pés sendo o padrão para commodities, carregando até 27 toneladas de pimenta. Cada container valia cerca de 100 mil dólares, e os compradores, geralmente importadores que distribuíam em seus países, adquiriam múltiplos containers por vez, gerando negócios de meio milhão de dólares ou mais. Minha comissão, como broker, variava de 1,5% a 2% por container, um percentual que, embora pequeno, podia ser significativo em grandes volumes.

O processo de venda era complexo, mas fascinante. As transações eram realizadas em duas modalidades: FOB (Free on Board), onde o comprador arcava com o frete, resultando em um preço menor por tonelada, ou CIF (Cost, Insurance and Freight), onde o frete era pago pelo exportador, elevando o custo. O pagamento não era à vista, mas via transações bancárias seguras, conhecidas como cartas de crédito, que garantiam a entrega da mercadoria. Quando o container chegava ao porto de destino, como Dubai ou Istambul, o importador só recebia a documentação para retirar a carga após quitar o valor acordado. O banco do comprador se comunicava com o Banco do Brasil, que representava a empresa exportadora, liberando os documentos apenas mediante pagamento. Caso o comprador não pagasse, a mercadoria ficava retida no porto por até três meses, podendo ser revendida ou, em último caso, incinerada, uma prática que, embora rara, ilustra os riscos do mercado.

Minha estratégia para encontrar clientes foi inspirada na experiência na Austrália, onde usávamos plataformas que forneciam *leads* — contatos de potenciais clientes. Pesquisei sites semelhantes para exportação que listavam importadores interessados em commodities. Passava horas no chalé, enviando e-mails em inglês para importadores na Turquia, Qatar, Dubai e Senegal. Cada mensagem era uma aposta, uma tentativa de estabelecer confiança com alguém que nunca me encontrara. Quando recebia perguntas técnicas — sobre a umidade dos grãos de pimenta ou os certificados de qualidade do café —, consultava meu amigo ou o presidente da empresa, ganhando tempo para aprender. Com o tempo, desenvolvi um entendimento sólido do mercado de pimenta, sabendo diferenciar os padrões de qualidade e negociar preços com confiança. O café, por sua complexidade e menor demanda nos contatos que alcancei, permaneceu um desafio, mas a pimenta tornou-se meu foco.

Fechar uma venda era um processo árduo, especialmente durante a pandemia, quando a confiança entre compradores e vendedores estava abalada. O mercado de commodities movimenta milhões de dólares, e importadores, como os de Dubai ou da Turquia, exigiam garantias robustas antes de comprometerem meio milhão de dólares em cinco containers. Minha primeira venda, para um importador turco, foi inesquecível. Após semanas de e-mails, negociações e conferências com a empresa no Brasil, fechamos um contrato para três containers de pimenta, totalizando 81 toneladas. A sensação de ver a transação confirmada, com o banco liberando a documentação, era de conquista, como surfar uma onda perfeita em Bali. Outras vendas seguiram, para Dubai e Senegal, cada uma exigindo paciência e persistência. A Alemanha, apesar de ser um grande mercado para café brasileiro, não rendeu negócios, talvez porque eu estava mais focado em contatos no Oriente Médio e na África, onde a demanda por pimenta era alta.

Viver na Alemanha durante esse período era um contraste com a intensidade do trabalho remoto. O chalé, com suas paredes de madeira e janelas que davam para colinas verdes, era um refúgio de calma. Caminhava pelas trilhas próximas, sentindo o ar fresco do verão europeu. A Alemanha, que registrava uma das menores taxas de mortalidade por COVID-19 na Europa, mantinha uma rotina quase normal, com máscaras e distanciamento, mas sem o peso do *lockdown* italiano. Minha amiga, que dividira comigo o investimento em uma casa em Bali, estava na Alemanha na mesma época, e tentei envolvê-la no negócio de exportação, aproveitando sua fluência em inglês. Apesar do entusiasmo inicial, ela não se adaptou à complexidade das negociações, e decidi seguir sozinho, equilibrando o trabalho com momentos de lazer, como jantares em restaurantes alemães onde pratos de schnitzel e cervejas locais eram maravilhosos.

A experiência como broker durou cerca de um ano e meio, de meados de 2020 a 2021. Dividido por mês, o ganho era modesto, mas significativo, considerando que eu trabalhava de forma autônoma e sem experiência prévia no setor. Refletindo sobre o período, percebi que, com mais foco, poderia ter ampliado os resultados, mas a minha atenção começou a se voltar para o Brasil.

Em 2021, retornei ao país e abri, com meu sócio Ricardo Vatanabe, uma empresa de home care na área da medicina. A exportação ficou em segundo plano, embora eu ainda receba consultas ocasionais de importadores com quem mantive contato. A transição para a medicina exigiu delegação, uma habilidade que desenvolvi ao longo dos anos. Contratamos uma equipe para gerenciar o home care, confiando a operação a uma colaboradora que, com o tempo, tornou-se mais especialista no negócio do que eu. Minha função passou a ser estratégica, gerando ideias e supervisionando, enquanto ela executava com eficiência, uma dinâmica baseada em confiança mútua.

O período como broker foi um capítulo de reinvenção, impulsionado pela mentalidade empreendedora que sempre me guiou. A pandemia, que para muitos representou o fim de oportunidades, foi para mim uma janela para explorar um mercado novo. E a experiência me trouxe reflexões profundas sobre o empreendedorismo. Ser broker exigia não apenas conhecimento técnico, mas também a capacidade de construir confiança à distância, em um mercado onde milhões de dólares estão em jogo. Cada e-mail enviado, cada contrato assinado, era um exercício de paciência e estratégia, como as negociações que fiz em Bali para investir em imóveis. A inspiração vinda da Austrália, onde usávamos plataformas de *leads*, provou que as lições de um empreendimento podem ser aplicadas em contextos completamente diferentes. Minha presença na Alemanha, divulgada em postagens no Instagram, foi o gatilho para a proposta do meu amigo, mostrando como as conexões humanas, mesmo as mais casuais, podem abrir portas inesperadas.

Retornar ao Brasil e focar na medicina marcou o fim desse capítulo, mas as lições do período como broker permanecem. A confiança que construí com a equipe no home care reflete a confiança que precisei estabelecer com importadores estrangeiros. A habilidade de delegar, aprendida ao gerenciar negócios à distância, tornou-se essencial para equilibrar minha vida profissional e pessoal. A pimenta tornou-se um símbolo da minha jornada: um produto simples, mas valioso, que conecta pessoas e culturas. A experiência foi um lembrete de que o empreendedorismo não é apenas sobre lucro, mas sobre a coragem de agir, a resiliência para aprender e a visão para transformar adversidades em oportunidades. Naquele chalé na Alemanha, entre e-mails e negociações, encontrei não apenas um novo negócio, mas uma nova forma de enxergar o mundo — e a mim mesmo.

Capítulo 18

O INÍCIO DE UM LEGADO

Os anos de 2021 a 2024 foram um período vibrante na minha trajetória, em que o empreendedorismo, as viagens e a busca por liberdade se entrelaçaram para formar uma mistura de crescimento, desafios e descobertas. O retorno ao Brasil em 2021 marcou o início de uma fase intensa de consolidação profissional. Hoje eu e meu sócio empregamos direta e indiretamente mais de 100 colaboradores, um reflexo do crescimento orgânico impulsionado por uma visão compartilhada com ele.

A gestão inicial foi desafiadora. Eu mesmo cuidava da contabilidade, com apoio de profissionais, e da compra de materiais para o home care, mas o volume de trabalho exigiu delegação. Contratamos uma equipe, dando liberdade para que trabalhassem remotamente, desde que cumprissem as demandas. Essa flexibilidade, inspirada no meu próprio estilo de vida, permitia que os colaboradores equilibrassem trabalho, esportes e família, uma abordagem que eu e meu sócio defendemos.

Enquanto os negócios no Brasil cresciam, minha

paixão por viagens continuava a me levar a novos destinos. Em 2021, visitei o México, onde a energia vibrante de Tulum, com suas praias de areia branca e ruínas maias à beira-mar, se misturava à beleza natural de Playa del Carmen, com seu litoral exuberante e atmosfera descontraída. Nadar nos cenotes, com suas águas cristalinas e cavernas submersas, foi uma experiência que conectou natureza e serenidade, marcando um lembrete da grandiosidade do mundo natural. No Paraguai, explorei a Cidad d´leste. O Qatar, com a modernidade reluzente de Doha, me impressionou pelos arranha-céus e pela hospitalidade árabe, enquanto as Ilhas Cayman, um paraíso fiscal e turístico, ofereciam praias cristalinas e oportunidades de networking com investidores internacionais.

Um dos momentos mais marcantes foi realizar um sonho de infância: visitar o Walt Disney World, em Orlando, e os parques de Tampa, em 2022. Desde criança, os filmes da Disney povoaram meu imaginário, com suas histórias de coragem e magia. Estar na Main Street, com o Castelo da Cinderela ao fundo, sob o céu azul da Flórida, era mais do que uma viagem; era uma reconexão com a essência dos meus sonhos. Caminhei pelos parques, sentindo a adrenalina das montanhas-russas, o encanto das paradas com personagens e a nostalgia de reviver memórias que moldaram quem sou. Em Tampa, o Busch Gardens combinava aventura com a beleza natural, com savanas artificiais que evocavam a África. Esses dias, longe da rotina de reuniões e contratos, eram um lembrete de que a vida é feita de momentos que nos conectam ao que realmente importa.

Cidades já conhecidas também ganharam novos significados. Em Berlim, a energia cosmopolita das ruas, com seus murais de arte e cafés onde o aroma de café torrado pairava, inspirava inovação. Nova York, com o pulsar incessante de Manhattan e o Central Park como um oásis urbano, era um lembrete da escala que os negócios podem alcançar. Jacarta, na Indonésia, reforçava minha conexão com o país que se tornara um pilar da minha vida. A capital, com seu trânsito caótico e mercados vibrantes, contrastava com a tranquilidade de Bali, mas oferecia oportunidades de investimento em um mercado asiático em ascensão. Cada cidade era uma peça no quebra-cabeça da minha visão global, conectando experiências pessoais e profissionais em uma rede que transcendia fronteiras.

Em 2024, a Bulgária e a Romênia entraram no meu roteiro. Varna, com suas catedrais ortodoxas e ruas que misturavam o passado soviético com a modernidade europeia, era um convite à reflexão, enquanto Bucareste, na Romênia, surpreendia com sua arquitetura eclética e a energia de uma cidade em transformação. Já a Bolívia, outro destino, com a imensidão do Salar de Uyuni, foi uma experiência quase sobrenatural: caminhar sobre o deserto de sal, onde o céu e o chão se fundiam, era como estar em outro planeta. Essas viagens não eram apenas turismo; eu buscava conexões, ideias e oportunidades de negócios. Em cada destino, participava de eventos de networking, conversava com empreendedores locais e avaliava mercados, sempre com a mente aberta para parcerias que pudessem complementar meus projetos.

Hoje a minha rotina é um equilíbrio entre períodos no Brasil, onde gerencio o grupo de empresas de gestão médico-hospitalar, e meses no exterior, dedicados a investimentos e novas experiências. No Brasil, o Espírito Santo é o epicentro da minha atuação, com as empresas expandindo para atender mais hospitais. A gestão exige presença, mas minha abordagem é delegar com confiança e contar com meu valoroso sócio. Nossa equipe tem autonomia para inovar, desde que entregue resultados, uma filosofia que reflete meu próprio desejo de liberdade.

Na Indonésia, Bali continua a ser meu refúgio e um hub estratégico. Meus investimentos imobiliários, iniciados com a compra de um loft e uma casa, prosperam, gerando retornos que superam o mercado brasileiro. A ilha, com suas praias de ondas perfeitas, é um lugar onde eu recarrego as energias e planejo novos passos. A Indonésia, com seu custo de vida acessível e potencial de mercado, é um contraponto ao Brasil, onde a burocracia e os altos custos desafiam os negócios. Por isso avalio oportunidades de expandir os investimentos, como parcerias com empreendedores locais para desenvolver pousadas sustentáveis, aproveitando o crescimento do turismo.

A Austrália também entrou no meu radar, especialmente na área da saúde. O país, com seu sistema médico avançado e políticas de inovação, como incentivos à telemedicina, segundo a Australian Digital Health Agency, oferece um mercado promissor. Visitei Sydney e Melbourne em 2023, explorando parcerias com startups de tecnologia médica, um setor que alinha minha formação com minha visão empreendedora. Embora ainda em fase de análise, essas incursões reforçam minha crença de que o futuro da medicina exige integração entre tecnologia, gestão e humanização.

Para mim, o aprendizado mais profundo foi entender que a liberdade, tão central na minha vida, exige responsabilidade. Viajar, investir, sonhar — tudo isso é possível quando se constrói uma base sólida, seja delegando com confiança, seja planejando com visão de longo prazo. Para o leitor, a mensagem é clara: a vida é um equilíbrio entre ousadia e estratégia. Sonhos, como visitar o Walt Disney World, nos conectam à essência de quem somos, mas são as ações — abrir uma empresa, explorar um novo mercado, viajar para um país desconhecido — que transformam esses sonhos em realidade. Os desafios, como os que enfrentei na gestão ou nas negociações internacionais, são inevitáveis, mas é na resiliência, na capacidade de se adaptar e na coragem de seguir em frente que encontramos nosso caminho. O futuro, com suas incertezas, é um chamado para continuar construindo, sempre com a mente aberta e o coração disposto a abraçar o próximo horizonte.

Capítulo 19

UM NOVO CAMINHO

Em 2024, Bali, a ilha que há anos serviu como meu refúgio e hub estratégico, revelou-se mais do que um lar temporário; tornou-se o cenário de um encontro que transformou minha vida. Foi lá que conheci Joline, uma cidadã alemã cuja presença trouxe uma nova energia à minha jornada. Nossa conexão, iniciada por amigos em comum, floresceu rapidamente, unida por nossa profissão compartilhada — a medicina — e por uma mentalidade empreendedora que enxerga além das convenções. O que começou como uma amizade casual evoluiu para um relacionamento profundo, marcado por viagens, apoio mútuo e uma visão de vida que combina liberdade, inovação e determinação. Joline, com sua racionalidade alemã, foco inabalável e espírito aberto, tornou-se não apenas uma parceira, mas uma inspiração, reforçando minha crença de que as conexões mais significativas surgem quando menos esperamos.

Nosso encontro aconteceu de forma quase fortuita, orquestrado por amigos que nos conheciam há tempos. Eles, cientes de que Joline estava na parte final da faculdade e planejava um estágio no Brasil, mencionaram minha trajetória como médico e empreendedor, sugerindo que nos conhecêssemos. Quando nos apresentaram em Bali, a química foi imediata. Passamos uma semana juntos na ilha, explorando suas praias e compartilhando histórias sob o céu estrelado. Joline, com seus olhos claros e um sorriso que transmitia curiosidade, falava com paixão sobre sua formação em medicina, concluindo na Bulgária, e seus planos de ganhar experiência prática no Brasil. Eu, por minha vez, contei sobre minhas empresas no Espírito Santo e meus investimentos em Bali, sentindo uma afinidade rara ao perceber que ela compartilhava meu desejo de equilibrar a medicina com uma vida de liberdade e impacto. Nossas conversas à beira-mar fluíam com facilidade, misturando reflexões sobre saúde, viagens e a busca por propósito.

Após aquela semana, Joline seguiu para o Brasil, onde realizaria seu estágio em Botucatu, no interior de São Paulo. Ofereci meu apoio, prometendo ajudá-la com qualquer necessidade, especialmente na área médica, já que eu conheço bem o sistema de saúde brasileiro. Duas semanas depois, retornei ao Brasil e marcamos de nos encontrar em São Paulo durante um feriado. A cidade, com seu ritmo frenético e arranha-céus, serviu como pano de fundo para nosso reencontro. Joline, com sua energia tranquila, parecia à vontade no caos urbano, e passamos dias explorando a capital. Jantamos em restaurantes da Vila Madalena, com muita música ao vivo, e caminhamos pela Avenida Paulista, sentindo a pulsação de uma metrópole que nunca dorme.

A conexão que iniciamos em Bali se aprofundou, e decidimos aproveitar o feriado para viajar juntos. Escolhemos Ubatuba e Paraty, dois destinos no litoral que combinavam natureza e história. Em Ubatuba, as praias de areias douradas e o mar azul-esverdeado eram um chamamento ao espetáculo. Nadamos em águas cristalinas, caminhamos por trilhas cercadas por Mata Atlântica e assistimos ao pôr do sol em Itamambuca. Joline e eu aproveitamos as ondas e surfamos. Em Paraty, a cidade colonial com suas ruas de paralelepípedos e casarões brancos nos transportou a outra era. Exploramos o centro histórico e navegamos pelas ilhas próximas, com Joline fascinada pela biodiversidade da Baía de Paraty. Esses dias, longe da rotina, fortaleceram nosso vínculo, e percebi que compartilhávamos não apenas interesses, mas uma visão de vida que valorizava experiências significativas.

Quando o estágio de Joline terminou, ela ainda tinha 20 dias no Brasil antes de retornar à Europa. Convidei-a para conhecer Vitória, e ela aceitou. Hospedada na minha casa, Joline se integrou à minha rotina, conhecendo minha família e amigos. Caminhamos pela orla de Camburi e jantamos em restaurantes que serviam moqueca, um prato que ela adorou. Durante esses dias, nossa relação evoluiu para um namoro, selado pela certeza de que queríamos construir algo juntos. Joline, com sua racionalidade e clareza, trouxe uma nova perspectiva à minha vida, equilibrando minha energia emocional com uma abordagem prática que já me inspirava. Quando ela partiu para a Bulgária, onde finalizaria trâmites da sua formação, senti a distância, mas também a confiança de que nossa conexão era sólida.

Após se formar, Joline retornou à Alemanha, e eu a visitei um mês depois. Chegar a Hamburgo, onde ela morava, foi como entrar em um mundo que combinava história, inovação e disciplina. Sua pontualidade, uma característica que ela compartilhava com minha ex-namorada suíça, era notável: se marcávamos um encontro às oito e meia, ela chegava às oito e vinte, uma disciplina que contrasta com a flexibilidade brasileira e me fazia refletir sobre a importância da organização. Juntos, viajamos para a Bulgária e a Romênia, países que ela conhecia bem por causa de sua formação. Em Varna, cidade búlgara, admirei as catedrais ortodoxas e as montanhas que cercam a cidade, enquanto em Bucareste, a energia de transformação da Romênia me impressionou. Joline, com sua familiaridade com a região, foi uma guia perfeita, compartilhando histórias sobre sua vida universitária e sua adaptação a culturas diferentes.

De volta a Bali, passamos semanas imersos na ilha que nos uniu. Surfamos em Ulluwatu, onde Joline, com seu foco alemão, continuava a aprimorar suas habilidades na prancha, e exploramos a região de Nias. Naquele período, Bali, com sua espiritualidade e beleza natural, era o lugar ideal para planejarmos nosso futuro. Joline, como eu, não queria se limitar à medicina assistencial. Ela sonhava com projetos que combinassem saúde e empreendedorismo, uma visão que ecoava meus próprios planos. Durante nossas conversas, ela mencionou seu projeto de construir uma casa em Bali para alugar, financiada inicialmente pelos pais, mas com a intenção de quitá-la sozinha. Sua mentalidade, focada e liberal, alinhava-se à minha, e seu apoio às minhas ideias — desde a expansão do meu grupo de empresas no Brasil até novos investimentos na Indonésia — era incondicional. Embora não participasse diretamente dos meus empreendimentos, sua crença no meu potencial era uma força motivadora.

Eu retornei ao Brasil antes de Joline, chamado por compromissos com minhas empresas no Espírito Santo. Durante um mês, a distância testou nossa paciência, mas mantivemos o contato com videochamadas e mensagens, planejando nosso próximo encontro. Quando Joline veio ao Brasil, passou quatro meses comigo, de meados a fim de 2024, um período que consolidou nosso relacionamento. Vivemos entre Vitória e viagens curtas, como uma escapada a Guarapari. Joline se adaptou à cultura brasileira com facilidade, apreciando a espontaneidade e o calor humano, embora brincasse sobre a falta de pontualidade, um traço cultural que sempre a intrigou. Sua racionalidade, uma característica que ela atribuía à sua criação alemã, complementava minha natureza mais emocional, criando um equilíbrio que fortalecia nossa parceria.

A cultura de Joline, moldada por sua experiência global, é um dos aspectos que mais admiro. Ela viveu no Havaí e na Austrália durante o ensino médio, estudou na Bulgária durante a pandemia, e morou em Bali, experiências que a tornaram extremamente aberta e adaptável. Joline valoriza a liberdade e as experiências, uma mentalidade que ressoa com a minha. Sua visão liberal, combinada com um foco quase obstinado em alcançar seus objetivos, traz uma energia única, marcada por sua curiosidade e vontade de aprender. Ela me apoiou em cada novo projeto, desde a abertura do instituto médico no Brasil até a exploração de parcerias na Austrália, e eu a incentivo em seus planos, como o investimento imobiliário em Bali.

Nossa relação significa um reflexo de nossas personalidades complementares. Enquanto eu trago ideias ousadas e uma abordagem emocional, Joline contribui com planejamento e clareza, uma combinação que nos permite sonhar grande sem perder o pé no chão. Em Bali, discutimos a possibilidade de desenvolver projetos conjuntos, como uma clínica que integre medicina e turismo de bem-estar, aproveitando o crescimento do setor na ilha. Embora ainda seja uma ideia inicial, a perspectiva de unir nossas paixões é empolgante. Joline, com sua formação recente, está ávida por aprender, e eu, com minha experiência em gestão médica, vejo nela uma parceira com potencial para transformar o setor ao meu lado.

O aprendizado que carrego dessa conexão vai além do pessoal; é uma lição sobre a força das parcerias que nascem da sintonia. Conhecer Joline em Bali, um lugar que sempre simbolizou liberdade e renovação para mim, foi algo que reforçou minha crença de que os encontros mais significativos acontecem quando estamos abertos ao inesperado. Sua disciplina alemã, combinada com uma mentalidade liberal e global, ensinou-me a equilibrar emoção e razão, uma habilidade que aplico tanto na vida pessoal quanto nos negócios.

Para você, leitor, a mensagem é sobre a importância de cultivar relações que inspiram crescimento. Um parceiro ou parceira que compartilha sua visão, mas também desafia suas perspectivas, pode ser o catalisador para alcançar novos horizontes. Joline, com sua energia e determinação, tornou-se esse catalisador na minha vida, e juntos, continuamos a construir um futuro que combina liberdade, propósito e a coragem de sonhar.

Capítulo 20

COMO SEU CORAÇÃO BATE?

Como médico, fui treinado para curar o corpo, mas aprendi que a verdadeira transformação começa na mente. Em noites insones de viagens, lendo livros que contavam as trajetórias de empreendedores, líderes e pensadores, descobri que a mudança não é um evento isolado, mas um processo que exige intenção. Cada passeio, do calor úmido dos mercados de Hanói ao frio cortante das montanhas de Saint Gallen, é um lembrete de que o mundo é vasto, mas é dentro de nós que as maiores revoluções acontecem. Em Bali, encontrei espaço para refletir sobre o que me move. Não é apenas a liberdade de viajar ou o sucesso nos negócios, mas a possibilidade de viver alinhado com um propósito que faça sentido.

A medicina, como me foi apresentada, parece uma estrada segura para todos, mas como em qualquer outra profissão, não é bem assim. Sentir-se perdido é o primeiro passo para buscar algo novo. A segurança que nos prometem é frágil se não ressoa com quem somos. Durante anos, vivi essa tensão, equilibrando o desejo de explorar o mundo com o peso das expectativas que colocam nos médicos. E cada experiência me mostrou que a mudança não é algo a temer, mas a força que nos impulsiona.

O cerne dessa transformação está na mentalidade, na forma como enxergamos o mundo e a nós mesmos. Nossa mente é como um jardim: o que plantamos, colhemos. Se cultivamos crenças limitantes — que a medicina só pode ser vivida em plantões exaustivos, que o sucesso exige sacrifício constante —, nossa realidade refletirá isso. Mas, se plantarmos sementes de possibilidade, de inovação, de equilíbrio, o jardim floresce de maneiras inesperadas. Aprendi isso não apenas nos livros, mas nas conversas com viajantes em hostels, nos cafés de Londres onde planejava novos negócios, nos momentos de silêncio em templos balineses. A mentalidade não é fixa; ela pode ser moldada. Quando comecei a questionar o sistema — a ideia de que a faculdade de medicina me prepararia para tudo, de que a residência era o único caminho —, abri espaço para criar minha própria trajetória. Não foi fácil. Exigiu coragem para desaprender, para buscar conhecimento em áreas que a medicina não ensina, como finanças, empreendedorismo e bem-estar.

Essa busca por uma mentalidade renovada também me levou a refletir sobre espiritualidade, um tema que se entrelaçou com minha jornada. Sou católico batizado, criado na fé cristã, mas as viagens abriram minha mente para outras formas de conexão com Deus. Participei de cerimônias hinduístas em Bali, visitei templos budistas na Tailândia, fui a igrejas evangélicas, e estive em rituais de candomblé e espiritismo no Brasil. Cada experiência me mostrou que a espiritualidade transcende instituições. Não vejo esses templos, sejam católicos ou de qualquer outra fé, como o único caminho para Deus. Para mim, a fé é interna, uma conversa diária com algo maior, que carrego em silêncio todas as manhãs e noites. Acredito que a verdadeira religião é fazer o bem, viver com integridade, independentemente de templos ou rituais. Essa visão, forjada em viagens e introspecção, me ajuda a manter o equilíbrio, a encontrar paz em meio ao caos, e a enxergar a mudança como parte de um propósito maior.

Mas a mentalidade, por mais poderosa que seja, precisa de ação para se concretizar. É aqui que os hábitos entram, como os tijolos que constroem a casa dos nossos sonhos. Durante anos, vivi no piloto automático, deixando que rotinas desleixadas ditassem meu ritmo. Comecei a prestar atenção ao que fazia todos os dias: o que comia, como me movia, como gerenciava meu tempo. O surf e o futevôlei, que pratico com paixão, não são apenas esportes; são ritos que me conectam ao meu corpo e à natureza. Alimentar-me de forma natural tornou-se uma escolha consciente, não uma obrigação. E o gerenciamento do estresse, seja por meio de meditação ou de viagens que recarregam minha alma, passou a ser uma prioridade. Cada pequeno ajuste, repetido dia após dia, transformou não apenas minha saúde, mas minha forma de enxergar a vida.

Como médico, sei que a medicina tradicional foca em tratar doenças, não em cultivar saúde. Mas acredito que saúde é mais do que a ausência de enfermidades — é viver no seu melhor. Essa filosofia me guia, e é o que quero compartilhar com você. Não importa se você é um estudante exausto, um médico sobrecarregado ou alguém em busca de direção: você tem o poder de moldar sua realidade. Comece pequeno. Talvez seja acordar 15 minutos mais cedo para ler algo que te inspire, ou caminhar ao ar livre para clarear a mente. Talvez seja buscar mentores, pessoas que já trilharam caminhos fora da curva, como médicos que construíram carreiras empreendedoras. Cada escolha, por menor que pareça, é um passo em direção a uma vida mais alinhada com quem você quer ser.

Todos nós carregamos esse potencial. Se eu, um médico que poderia ter seguido o caminho tradicional, consegui construir uma vida de viagens, negócios e propósito, você também pode. Não é sobre abandonar a medicina, mas sobre redescobri-la de uma forma que faça sentido para você. Talvez isso signifique abrir um consultório que reflita seus valores, ou usar suas habilidades para empreender em algo novo. Talvez seja simplesmente encontrar tempo para cuidar de si, para viver além do jaleco. A medicina é uma ferramenta poderosa, mas é você quem decide como usá-la.

O que me move é a ideia de que a transformação está ao alcance de todos. Não exige grandes gestos, mas pequenas escolhas diárias. Quando comecei a mudar meus hábitos, a questionar o sistema, a cultivar uma mentalidade aberta, percebi que o mundo se abria de maneiras que eu nunca imaginara.

Para você, que lê estas palavras, meu chamado é simples: pare por um momento e pergunte-se o que quer de verdade. Não o que a sociedade espera, não o que a medicina impõe, mas o que faz seu coração pulsar. Talvez seja uma carreira mais leve, com tempo para a família. Talvez seja um projeto ousado, como criar algo novo na área da saúde. Seja o que for, saiba que a mudança começa com você. Não amanhã, não quando a vida estiver mais calma, mas agora, neste instante. Um passo pequeno como um novo hábito ou uma nova perspectiva pode ser o começo de algo grandioso.

Experimente, erre, cresça. A medicina, a vida, o mundo... tudo está em movimento, e você tem o poder de moldar sua parte nisso. O que você fará com esse chamado? A jornada está apenas começando, e o próximo passo é seu.

Conclusão

TUDO VALE

Este livro, nascido de anos de andanças, leituras e reflexões, é mais do que uma coleção de histórias — é um mapa, traçado do meu coração, para qualquer pessoa que sente o chamado de algo maior dentro de si. Sei que minha jornada, que me levou a tantas nações e me transformou de médico tradicional em um explorador de mundos e ideias, está longe de terminar. A meta de visitar todos os países do planeta, que para alguns parece um devaneio, é o fio que costura minha vida, uma promessa de continuar aprendendo, desafiando limites e inspirando outros — especialmente médicos — a enxergarem além do jaleco. Afinal, cada escolha nos leva mais perto de quem queremos ser.

Mudar não é fácil. Nada que valha a pena é. Essa meta de conhecer todos os países do mundo é mais do que uma aventura; é uma filosofia de vida. Com 44 países registrados até os 37 anos — 22% do globo terrestre, segundo minha contagem —, sei que o caminho é longo, mas possível. Um amigo alemão, que já visitou 130 países, me mostrou que o "impossível" é apenas uma questão de perspectiva. Já pesquisei e vi que há quem tenha percorrido o planeta em cerca de dois anos, entrando para o Guinness Book. Se eu mantiver um ritmo de dez novos países por ano, em 15 anos terei visto o mundo. Com as oportunidades que tenho agora, como voos mais acessíveis e uma vida estruturada para a liberdade, talvez leve apenas cinco anos. Mas o tempo não é o foco; é o que cada destino me ensina. Cada país é uma tela viva, pintada com cores, sons e histórias que só quem está lá pode compreender. Quando conto essas experiências, percebo que palavras não bastam. Estar em um lugar, sentir seu pulso, é o que transforma.

Essa meta não é apenas pessoal — é uma missão. Quero mostrar a médicos presos em rotinas exaustivas que o mundo está ao alcance, que a medicina não precisa ser uma âncora, mas uma ponte para novas possibilidades. Vi de perto a realidade do sistema de saúde, tanto público quanto privado, onde a pressão constante pode apagar o brilho de quem escolheu salvar vidas. Mas acredito que ser médico é apenas uma parte de quem sou. A medicina é uma ferramenta que posso usar em qualquer canto do mundo, mas não me define. Essa mudança de mentalidade exigiu coragem. O segundo passo, agir, foi ainda mais desafiador. Antes de melhorar, as coisas pioram. É como emagrecer: para alcançar o corpo desejado, você enfrenta a dor de mudar a alimentação, de suar na academia, de resistir às tentações. Muitos desistem nessa fase, mas quem persiste vê o resultado. Na vida, é igual. Construir uma carreira alinhada com seus valores significa enfrentar críticas, incertezas, e o medo de falhar. A chave é a persistência.

A verdadeira felicidade não está em seguir as expectativas externas, mas em se conhecer. Por muito tempo, o sistema nos empurra para um ciclo de consumo e pressão, onde nos perdemos. Mas aprendi que, para sermos felizes, precisamos tomar decisões conscientes, alinhadas com nossos valores. As viagens me ajudaram nesse processo. Cada cultura que conheci, cada conversa com um estranho em uma nova cidade, me trouxe uma visão mais profunda da humanidade. A vida, aprendi, é feita de experiências, e o que importa é quem somos, não o que temos.

Já que toquei nisso, digo que a relação com o dinheiro foi outra lição. Durante minha experiência na Austrália, trabalhei em funções que surpreendiam quem me conhecia como médico. Muitos se chocavam, mas eu não buscava segurança financeira imediata; buscava aprendizado, liberdade, a chance de viver algo novo. O dinheiro, para mim, é uma consequência de viver com propósito, não o objetivo final. Essa visão me permitiu construir negócios que sustentam minha meta de viajar o mundo, mas também me ensinou que a riqueza verdadeira está nas experiências, nos laços, no impacto que deixamos.

Portanto, hoje sei que mudar é como surfar. Quando comecei, as ondas pareciam gigantes. Eu remava contra a maré, caía, engolia água, e me perguntava se valia a pena. Mas, com persistência, veio a recompensa:

o momento de equilíbrio, o vento no rosto, a sensação de voar sobre o mar. A vida é assim. Cada desafio — um vestibular, um plantão exaustivo, uma meta ousada como visitar todos os países — exige que você reme, caia, e se levante. Cada onda superada é uma vitória, cada obstáculo vencido nos aproxima de quem queremos ser.

Essa filosofia de desafios moldou tudo o que fiz. E escrever este livro, destilando anos de experiências em palavras, foi um mergulho profundo na minha história. A partir de agora, abro-me para novos horizontes: quero surfar uma onda gigante, treinar meses para enfrentar o mar com coragem; quero expandir meus negócios, continuar a criar liberdade financeira que sustente minhas viagens; e quero continuar inspirando. Ser um agente de mudança.

Por fim, como você pôde conferir, este livro é um relato da minha trajetória na medicina e de como aprendi a lidar com suas adversidades. Mas é, acima de tudo, um convite para você. Encontre seu próprio horizonte infinito. Talvez não seja visitar todos os países, mas criar uma carreira que reflita seus valores, viajar para um lugar que desperte sua alma, ou reservar um momento para cuidar de si. Acredite em você! Você não está aqui por acaso. Cada pessoa tem um propósito, e a chave é descobri-lo e seguir em frente, apesar das dificuldades, das opiniões alheias, da dor da mudança. Como médico, sei que a vida é frágil, mas cheia de possibilidades. Como viajante, aprendi que o mundo é vasto, mas está ao alcance. E como autor, quero que você termine estas páginas com uma faísca: você é capaz de traçar seu caminho, de desafiar o impossível, de viver uma vida que pulsa com propósito.

Minha jornada continua, com novos carimbos no passaporte, novos projetos com minha parceira, e novos sonhos que ainda estão se formando. E a sua? O próximo passo é seu.

A próxima onda está te esperando.

Eu, minha mãe, meu irmão, meu saudoso pai em Guriri-ES, em 2002.

Banda KiDelírio, na qual fiz parte na adolescência, 2004.

Copa do Mundo de 2018, na Rússia, com amigos.

Empresa de mudanças na Austrália, na qual fui dono, em 2018.

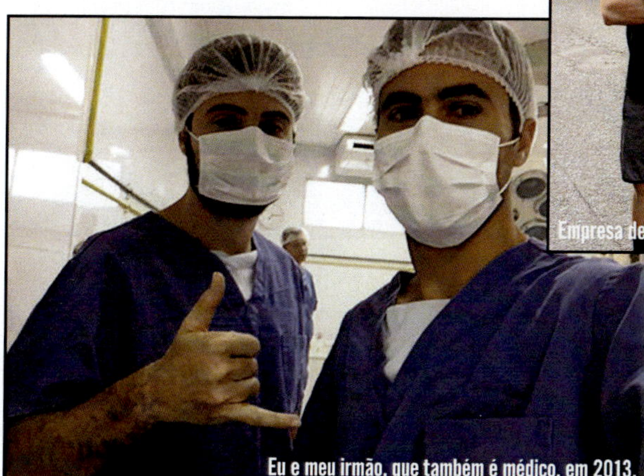

Eu e meu irmão, que também é médico, em 2013.

Com uma arraia em mãos, nas Ilhas Caymman, 2024.

Trabalho em um empresa de reciclagem, na Austrália, em 2016.

Descansando após algumas partidas de futevôlei na Tailândia, 2014.

Iniciando no surfe, no Rio, com amigos de infância, em 2015.

No Porto-POR, com Margô, grande amiga que a medicina me deu, 2021.

Fazendo horas de voo para piloto privado, em 2025.

Cerimônia hindu em um templo em Bali, na Indonesia, em 2014.

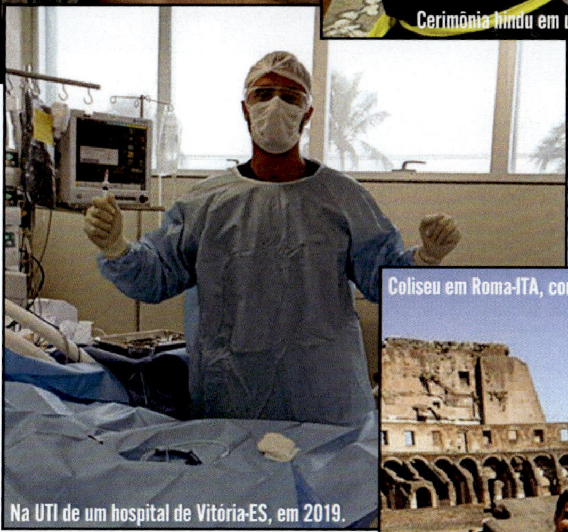
Na UTI de um hospital de Vitória-ES, em 2019.

Coliseu em Roma-ITA, com minha mãe e meu irmão, em 2015.

Snorkeling nas Filipinas, ano de 2018.

Finalizando curso de mergulho de resgate, com um amigo de infância, 2024.

Em Londres, 2017.

Roadtrip com um primo, na Nova zelândia, em 2016.

Viagem ao Chile com meu irmão, em 2023.

Porta do céu, em Bali, na Indonésia. Ano de 2019.